努力しない生き方

桜井章一
Sakurai Shoichi

a pilot of wisdom

はじめに

私は、現代人の生き方を足し算的な生き方だと思っている。大多数の人が、今よりもっと成功したい、今よりもっとお金を増やしたい、今よりもっと人から評価されたい、今よりもっと幸せになりたいといった希望を抱き、ひたすら努力しているさまを見ると、そんなことを思わざるをえない。

足して、足して、どんどん足し続ける。そんな足し算的な人生はここまで足せばOKというゴールはない。人々のもっぱらの関心は、この人生の足し算をいかに上手《うま》くやるか、それによって成功やお金や幸福をどれだけ多くつかむか、ほとんどそのことにつきるように見える。

だが、こうした足し算的な生き方、価値観といったものは、ここへきて大きな曲がり角を迎えつつあるようだ。

たとえば、先のリーマンショックは強欲な資本主義が足し算を過剰にやり過ぎた結果の悲劇であろうし、環境問題は自然から際限なく引き算してきたものを人間の社会にそのまま足し続けてきたことからくるものにほかならない。また戦後、モノを足し続けて豊かになれば幸福になると信じてやってきた日本の社会は、いざ豊かさを実現すると、反対に心の病を無数に生み出す事態になっている。

足し算的な発想や生き方は、間違いなく行き詰まりを見せ始めているのだ。では、そんな生き方に限界やさまざまなひずみがあるとすれば、果たしてそれに代わるどんな生き方があるのだろうか。

本書で私が述べたかったことは、この足し算の生き方とは違うまったく新しい可能性を持った生き方である。それは足していくことを止《や》めて、反対に足したものを引いていくような引き算的な生き方だ。

ただし、この引き算は「押してもダメなら引いてみろ」の「引く」とはちょっと違う。単純に正反対のことをするというのとは違うのだ。正確に言えば、足そうとすることから「足そうとする力」そのものを「抜く」ことで成り立つ別次元の引き算である。

この本では、「努力する」「頑張る」「求める」「つくる」などといった足し算へと向かうさまざまな発想や行為を俎上《そじょう》に載せている。そしてそれらがどれだけ無理で不自然なものを孕《はら》んでいるか、それゆえ破綻《はたん》しやすく、かつ人生に対していかに破壊的なものになりうるかを述べたつもりである。

「努力する」「頑張る」「求める」「つくる」をはじめとする足し算的行為は、常識的にはプラス評価されるべきことのはずなのに、「なぜ？」と思われることだろう。だが、これは私がすべて体験し、実感として持っていることなのだ。

私はかつて麻雀の代打ち（麻雀の勝負で誰かの代わりとして打つこと）稼業を二〇年ほどやっていた。そのとき勝負に一度も負けたことがなかったことから「無敗の雀鬼《ジャンき》」という異名を周りから与えられた。

二〇年間、私が無敗でいられたのは、何よりも勝負にのぞむ私に足し算的な発想や行動がなかったからだと思っている。あったのはいつも力を抜くことで成り立つ引き算の思考や行動であった。それが勝負において一度も負けることをさせなかったのだ。

もちろん、期待してそう振舞ったわけではないが、結果的に引き算的な勝負や生き方は足し算のそれと比べて何十倍、何百倍もの厚みを私にもたらしてくれたと思う。

天文学者のコペルニクスが地動説を唱えることでそれまでの天動説がひっくり返ったような劇的な転回をコペルニクス的転回と呼ぶ。足し算的な生き方を常識としてきた人にとって、発想や行動から力を抜くという引き算的生き方はまさにコペルニクス的転回をうながすようなものかもしれない。しかし、もし、それができれば、まったく新しい人生の地平線がきっとそこから望めるようになると思う。

目次

第三章　「求めない」から、上手くいく――

求めない――求めると願いはかなわない

目標を前に置かない――目標は横に置くといい

わからない――「わからない」ことをわからないままにする

メジャーを求めない――マイナー感覚があれば自分を見失わない

前だけに進まない――行く手ばかりを見るのは危ない

自由を求めない――自由はルールの中にある

土から離れない――地面から離れるほど本能は衰える

我慢しない――「我慢すれば報われる」は錯覚である

愛さない――愛は本来不純なものである

熱くならない――熱血はあてにならない

第四章 「つくらない」から、いいものが生まれる

つくらない——つくると嘘が入る

「裏のない人間」にならない——表だけで生きるとおかしくなる

軸を一つにしない——三六〇度回転する軸を持て

尊敬しない——尊敬は学びの機会を奪う

よいことをしない——よいことにとらわれると悪を生む

他人事《ひとごと》にしない——他人事は自分事である

否定しない——嫌なものも自分の中を通してみる

健康を求めない——過度な健康志向は病である

安全・安心を求めない——安全な社会は生きる力を弱くする

貫かない——多様性を生きるとキャパも広がる

第一章　「努力しない」から、いい結果になる

努力しない——力が入ったら疑え

あなたはこれまで生きてきて「頑張ろう」と思ったことは何回くらいあるだろうか？

それこそ何百回、何千回、何万回……数えきれないほどあるのではないか。

たとえば「努力」というものも、「頑張る」が形になったものである。たいがいの人はそれこそ小さなころから親や教師から「頑張りなさい」「努力しなさい」と言われ続け、「努力」しなければちゃんとした大人になれないと思い込まされている。

努力して頑張ればかならず結果が出る。努力は尊いもの。そう刷り込まれているから、何かやろうというときには、いつも「頑張って努力する」ことになるのだ。

私にはこれまで「努力した」という記憶がない。小さいとき、親は「努力しろ」ということを言わない人だったし、先生からそう言われたときは違和感を覚えて素直には従わなかった。そのせいか、昔からわざわざ努力するという形に自分を押し込んだことは一度もない。

麻雀だって「頑張った」という思いはまったくない。「努力」して上手くなったという感覚がまったくないのだ。

これをこういうふうにすれば面白いなとか、こんなふうにやれば上手くいくんだなとか、ただ、そんな感覚で麻雀の牌《パイ》をいつもいじっていた。歯を食いしばって練習したなんていうことはなかった。

勝負を離れたところで難事がふりかかってきても、精一杯努力してそれを乗り切ろうということはしなかった。むしろ自分がどこまで可能性を持っているか試してやろうと、挑むような気持ちで向かっていった。そうしているうちに、それは遊びのような感覚になっていくのである。

つまり、麻雀にしろ、何にしろ、そこにあったのはいつも「努力」でなく「工夫」だったと思う。「工夫」があれば何事も楽しくできるのだ。

「努力」をしようとすればかならず余計な力が入る。練習して上達を続けるには力が入っていてはダメだ。

スポーツでも「努力」という感覚で力を込めて練習すると、視野が狭くなって思うように上達しないし長続きしない。「努力」というのは往々にして「間違った努力」になりやすいのである。

努力という感覚で頑張るとどこか不自然に力が入って、かならず嘘《うそ》っぽくなるものだ。私はそんな嘘っぽさに違和感を覚えてしまう。

仕事でもスムースに進めるコツはいかに力を入れないかである。

たとえば仕事で、あるプロジェクトを努力して進めているサラリーマンがいるとしよう。彼は成果を上げるために頑張っているわけだが、結果的に成果が上がらなければその「努力」は無駄だったと感じるだろう。つまり成果のあるなしで「努力」の値打ちが一八〇度変わってしまうわけだ。

真剣に頑張ってきたことが無駄だったと感じるような「努力」は嘘っぽい。やってきた「努力」が無駄だったと思えば、その人がみずから自分の「努力」は嘘っぽいものですと言っているようなものだ。

「頑張ったけどダメだったよ」となってもそれでOKではないか。ダメでもどこかに納得感のある「努力」はいいと思う。そのような「努力」は妙な力みがあまり入っていないし、どこかで「工夫」になっていると思うからだ。

だから私が「努力」というものをもし認めるとしたら、それは身にならないことをする究極の「努力」というやつだろう。

このように成果を目的とする努力はかならず力が入るし、どこか嘘っぽいものになってしまう。

今の社会は一見自由なようでいながら努力しても上へいけない壁がたくさんある。そうすると、努力してもダメだからと諦《あきら》めてしまう人がたくさん出てくる。そうなると今度は楽して儲《もう》けようという発想になって博打《ばくち》のような金融商品の取引に走ったり、極端なものは振り込め詐欺をやったりするのである。

そのような風潮が生まれたのは、そもそも努力すれば報われるという根強い「努力信仰」が極まって裏目に出てしまったということではないだろうか。すなわち、努力は成果を上げるためという功利主義的な努力観が、大きな嘘っぽさを社会のあちこちにつくっているような気がする。

さらに「努力信仰」を補強しているのが、お金や権力や勝利といった「力」への憧《あこが》れである。

たしかによく考えると、われわれが努力して目指す先にあるものは、たいがいお金や権力や名誉や資格や勝利などといった「力」である。だから余計に「努力」は力の入るものになってしまうのだ。

恋愛や趣味に一生懸命になっている人は「力」なんか入っていないし、「努力」もしていないだろう。

「力」が入るとたいていあまりいい結果は生まれない。仮に目的を達成してもどこかにひずみを生むものだ。

私はふつうならここで「力」を入れないと、という局面では、「力」を抜くようにする。「力」が抜けているほど、物事はスムースにいくものだ。野球でもゴルフでもボールを打つ瞬間は力が抜けていないとボールが飛ばない。力がまんべんなく入った状態でスイングすればボールは死んでしまう。

だがこの「力」を抜くのは意外とむずかしい。無力な状態になるというのとはぜんぜん違うからだ。反対に「力」を抜いたほうが「力」を入れるより何倍もの「力」を発揮できるのである。

このように「努力」は、一般に思われているのとは違ってそんなによいものではない。だから、変に気張って「努力」なんかしなくていいと思う。「力」が入っているな、と思うときは自分を疑ったほうがいい。

素晴らしい成果を「努力」によって上げたと自分も周囲の人間も感じている人がいる。しかし、その人の「努力」は、本人も周囲の人も気づかないうちにかならずどこかで「工夫」に変わっているはずだ。

人生は、「努力」すればいい結果が出るとは限らないが、「工夫」すればおのずとそうなるものである。

持たない——持つほどに不自由になる

私は麻雀を打つとき、牌を持たない。正確に言うと、持たない感覚で牌を持って打っている。

持たない感覚でいるから、指先に挟んだ牌をほとんど手も指も動かさないままの状態で三六〇度クルリと素早く回転させることもできる。

しかし、持っている感覚だと、これほど軽くて小さな牌でも、途端に指先や腕や肩に微妙な力が入る。力が入ると体が揺れる。揺れると体や心の軸がぶれ、いい麻雀が打てなくなる。だから私は持たない感覚で打つのである。

牌を持ちながら持たない感覚というのは意外にむずかしい。軽い牌だからコツさえつかめば簡単にできるように思える。

ところが、私が主宰している雀鬼会の道場で何万回と打っている道場生たちでも牌を持たない感覚で打つということはなかなかできない。

取材にくる人などに試しに牌を持ってもらうことがあるが、体のあちこちに力みが出ているのがはっきりわかる。そのとき、指に力が入っているよとか、肩のあたりに力が入っているよとこちらが指摘しても簡単に力みはとれない。

「持たない感覚」は意識すればするほどむずかしいのである。僅《わず》か数グラムの牌でも人は持とうという意識をぬぐえないのだ。

軽い牌を持つようなちょっとした動作でも、その力みが波紋のように広がり最後は大きな波となって勝負自体をさらってしまうようなことが起こる。

牌を持たない感覚というのは、心に何も持っていないときに持ち得るものである。

逆に牌を持っている感覚であれば、人は心に何かを持っている。勝ってやろうという欲、屈辱からくる負かしてやろうという恨み、自分を誇示しようという欲、さまざまな思いを持っている。

しかし、そんなものは勝負においては一切余計である。そんな混じりものが心に多いほど、その麻雀は汚くなるし、大きくブレる。すなわち打つ麻雀が不自由になるのだ。

つまり、牌を持たないという状態は、何も持たない自由な心で自在に麻雀を打てるということ。自在に打てるから勝負にも負けない。

何かを持ちながら新しい動作に移ろうとするとき、人は持っているものに制約されて滑らかな動作ができない。一方、何も持っていない状態の体は次の動作にスムースに移れる。すなわち牌を持たないで打つと体の動きはすべて滑らかな曲線でつながるのである。

牌を持たない感覚で打つという話は日常のことにも置き換えられる。われわれ現代人は物質的にも精神的にもあまりにも多くのものを持ち過ぎている。持っているものが多過ぎて、自由さを失い、息が詰まったような生き方になっている。

そうなったのもモノにしろ、知識にしろ、持てば持つほどいいことと思い込んでいるからにほかならないのだが、実際は逆だ。持って持って離すまいと、ギュッと握りしめているから力がますます入って身動きがとれなくなる。

たまには握った手を放してみてはどうだろうか。きっと掌《てのひら》に心地よい風を感じるに違いない。

得ない――「得る」ことは「失う」ことである

われわれ現代人は絶えず何かを得ることを目標にして生きている。お金やモノや地位や名誉や新しい人間関係やら、自分にとってプラスになるものをいつも追いかけている。

言ってみれば「足し算」の人生である。足せば足すほどその人生は意義があり、満足のいくものだと思い込んでいる。

もっとも、こうした人生観は何も今の人に特有のことではない。農耕文化が起こってから人間は食料を蓄え、それが財となり権力となっていったわけだが、そのころから「足し算」的な生き方は評価されるものになっていったのだ。

それは自分たちが生きていく上で必要な分だけ獲物をとる採集狩猟文化の時代には存在しなかった考え方であり、価値観と言っていい。

こうして人間は農耕文化の開始とともに「足し算」的な生き方を本格的に始めた。それゆえに「足し算」的な生き方は人類にとってとても長い歴史を持つものである。だから、「足し算」的な発想や行動は人々にとって空気を吸うのと同じようにあまりにも自然なことなのである。

しかし、この「足し算」的な発想には大きな落とし穴がある。それは、「得る」ことがかならずしも人生にとって本当のプラスにはならないということだ。

たとえば、そのことを端的に示しているものに国民の幸福感を指数で表した幸福度指数というやつがある。

幸福度指数を国別に比較するとデンマークなどの北欧諸国やブータンといったＧＤＰの高くない国が上位にずらっと並んでいる。モノの豊かさの尺度であるＧＤＰで国の優劣や値打ちを決めていた世界観が、ここではひっくり返っている。

経済的先進国であるフランスのサルコジ大統領までこれからは幸福度指数も視野に入れていくと宣言しているのだから、時代の風向きは大きく変わってきているのかもしれない。

ただ何をもって幸福とするかは人によって考え方が違うので、この幸福度指数にはかなり振れ幅があると思う。そんな曖昧《あいまい》さはあるものの、ＧＤＰの数値が高くない国々ほど高い幸福度指数を得ていることは何らかの真実を告げていると思う。

ＧＤＰはこの資本主義社会の世界では最も高い価値を表す尺度である。それを支えるものは何よりも「足し算」的なものの考え方である。

しかし、幸福度指数はそんな「足し算」的な価値観に疑問を投げかける。経済至上主義の価値観にＮＯをつきつける新しい価値観のうねりが起こってきていることは間違いない。

何かを得よう、得ようと、得たいものをいつも鼻先にぶらさがった人参のように追いかけ続ける現代人にとって、得ることは文句なしに値打ちのあるものだ。

しかし、何かを得れば、その裏側では何かを失っているものなのだ。望むものをつかんで「やった！」と思っても、その瞬間、気づかないところでは何かが失われるのだと思ったほうがいい。

たとえば人の身体的な能力にはそういうことが如実に表れている。私が南洋の名もない小さな島へいったとき、視力が一〇・〇ぐらいあるんじゃないかという現地の人間に会ったことがある。彼は大海原のはるか何百メートルも先の海面に飛び跳ねる魚を見ることができる能力を持っていた。

都市文明に馴れた現代人からすれば驚異的なことだが、もともと人間は誰しもそのぐらいの視力を持っていたはずなのだ。それが文明の発達によって身体《からだ》を使わない生活にどんどん傾いていき、身体的な能力が退化していったのである。

文明の進化によって人間はこのような身体の本能的な力を決定的に失ったが、失ったものはそれだけではない。物質的な豊かさを得るのと引き換えに精神的な豊かさという人にとってもっとも大切なものまで失ってしまった。

私は超がつくような大金持ちの人たちを何人か知っているが、彼らを見ていて感じるのは、平均的な日本人よりもむしろ幸福感が少ないということである。

彼らは大きな家に住み、いい車に乗り、贅沢《ぜいたく》な暮らしをしている。だが、ああ、幸せだなという顔をしている人は意外なほど少ない。ふつうの人が想像するような満足感や充足感がなぜかあまりこちらに伝わってこないのである。

得るものが多ければ、反対に多くのものを失ったり、背負うものも増えていくのだろう。

彼らからはそんなことを感じてしまう。

だが、私だって人のことは言えない。麻雀の勝負で私はひたすら「勝ち」を重ねてきたが、その裏でたくさんのものを失ったと感じている。

とくに勝つことにこだわっていた若いころはそうだった。私が勝てばその裏側には負けて泣いている人間がかならずいるのだ。勝つことにとらわれるあまり、相手への思いを軽《かろ》んじたり、勝負の本質的なアヤを大事にしなかったり、心からの納得感も少なかった。そうやって勝っていくうちにやがて勝っても勝っても虚《むな》しさを覚えるようになっていった。そんな経験から形だけの勝ちにはこだわらない私なりの実践哲学が生まれていったのだ。

「足し算」的人生を追っている限りその人は、「得る」ことにとらわれている。「得る」ことのプラス面だけを見続けていれば当然その裏側のマイナス面は視野に入ってこない。

だから、ひたすら「足し算」的な発想でやっていくと、失ったものが積み重なってかならずおかしなひずみが生じてどこかで破綻をきたすことになる。

エコロジーの問題はその象徴的な例だ。自然から取ってきたものをひたすら足し算してきたために多くのものがこれまでに失われていった。
失ったものを回復するのはむずかしい。だから「足し算」を重ねて悦に入っているときは気をつけたほうがいい。

何かを得たときは、その反対側で何かが影を失い、形を失い、音もなく姿を消していく。そんな光景を思い浮かべてみるといいかもしれない。

「得る」ことでラッキーだ、幸福だと思うときには、かならず見えないところで失っているものがある。そんな法則が人知れず働いているということを忘れないでほしい。

反対に「失う」ことは、何かを「得る」ことでもある。この社会ではお金やモノや地位や名誉を失うことは、明らかなマイナスである。

しかし、それはただマイナスというわけではない。失うことではじめて大切なことに気づくことがある。すでに足元にあるのに気がつかないものもたくさんある。自分の中に眠っていて気がつかないこともたくさんある。何かを失う体験をきっかけにそうしたものに気がつくことがあるのだ。

たとえば、勤めていた大きな会社がつぶれたサラリーマンがいる。しかし、それをきっかけに自分が本当にやりたかったことを苦労しながらも仕事として始める人がいる。モーレツ社員で家族をかえりみなかった人がぽっかり空いた時間の中であらためて家族という大切なものに気づくことがある。

失うことで人はかえっていい方向へ変化することがしばしばあるのだ。

「足し算」をするときは、同時に「引き算」もやったほうがいい。引き算というのは足し算的発想を戒めることでもあり、人に何かを譲ったり、与えたりすることでもある。本書で言及している「努力する」とか「求める」とか「計算する」とか「頑張る」などという行為や発想はすべて足し算の考え方に基づいているが、そんなこともみな引き算で考えてみる。ただこの引き算は正確に言うと足し算の反対の引き算とは違う。それは足すという発想や行為から「力を抜く」ことなのだ。

そうやって力を抜くという引き算をやっていくと、足し算だけにとらわれていたときとはまったく違う風景がきっと現れるに違いない。そんな風景の中に立ってみて人ははじめて人らしい呼吸ができるのだと思う。

恨まない――上手な諦め方は生きる力を生む

「恨み」という言葉で今の世の中をとらえたとき、今ほど恨みの強い時代はこれまでなかったのではないかという思いに駆られる。

恨みが自分に向かったときの最も強い表現は自殺である。欧米などの先進国と比べて著しく日本は自殺率が高いそうだ。自分を恨む感情が日本人はどんどん強くなってきているのかもしれない。

自分を恨まないようにするにはどうすればいいのか。それは諦めがよくなることだと思う。私はよく道場生に「勝負や仕事や人生において逃げたいと思うことがあっても逃げるな、簡単に諦めたりするな」ということを言うが、ここで言う諦めはまた違うものである。

諦めないことで恨みがましくなったり、ひねくれたり、卑しくなったりするなら、きれいさっぱりと諦めたほうがいいのである。

たとえば自分は女にさっぱりモテないと思えば、そこでぐちぐち悩むよりすぱっと諦めて自分の好きなことを見つけて熱中したほうがいいだろうし、給料の高い会社に入った友人を羨《うらや》んで自分の会社の給料の低さをいつまでも嘆くよりは、そういう環境が自分には与えられたんだと諦めたほうが精神衛生上よほどいい。

しかし、今、そういう類《たぐい》の諦めができない人間がたくさん増えてきているように感じる。諦めがなかなかつかないがゆえに恨みの感情がどんどん募って、さまざまな対人関係のトラブルを起こしたり、その挙句にとんでもない事件を引き起こしたりするのだ。

そんな恨みを抱かないためには、諦め上手になることだ。恨みの感情を抱くとたいてい自分を責めるか他人を責める。諦めが上手い人は自分を責めることもなく他人を責めることもない。

たとえば、海外へ旅行へいったときに旅行代理店のミスで地の利はいいものの自分の泊まりたいホテルでなかったことに現地に着いてから気づくとしよう。そこで三通りの反応をする人に分かれる。

せっかくの旅行がとんでもないことになったと代理店を責める人と自分のチェックの甘さを悔いて自分を強く責める人がいる。ところが諦め上手な人は、その両方を責めることをしない。「もっと不便な場所のホテルに間違えられなくてよかった。間違えられたけど最終的に地の利のいい違ったホテルに泊まれたおかげでいろいろなところを観られてよかった」と思えるのである。

他人を責める人、自分を責める人、そのどちらでもない人、どの人が最も幸せな人生を送れるかは言うまでもないだろう。

私の周りにもたまに社会がダメだ、あいつはダメだと他人を責め続けている人がいるが、その人は結局、自分を恨んでいるのだろう。人にも自分にも恨みがましい人生は損だし、辛い。そういう人は恨みがましい力をバネに前へ進んでいくこともできるのだが、結局それはいつか限界がきてしまうのだ。

上手な諦めというのは生きていく強い力を生むものだ。諦め上手な選択を重ねることは、人生に間違いなくいいふくらみを与えるのである。

壁を越えない――壁は上に乗るといい

生きていればどこかでかならず行く手に壁が立ちはだかるものである。「あぁ～まいったな……」と思う人、「よ～し、負けないぞ」と思う人、そのときの反応はさまざまだ。

でも、壁が現れて「しめしめ」と思う人はあまりいないだろう。頑張ってやろうと思う人でも辛いなあ、嫌だなという気持ちはどこかにあるはずだ。

生きていくかぎり、壁にぶつからないことはありえないわけで、逆に壁がないということのほうが問題である。壁であってもそこから目をそらしていると成長も進歩もない。壁が現れたら、それがどんな壁かしっかり見きわめることが大切だと思う。

人は壁が現れたとき、条件反射のようにそれは乗り越えるべきものとしてとらえる。しかし、私はけっしてそうとらえる必要はないと思う。壁はいつでも乗り越えられればいいが、そうやすやすと乗り越えられないことも多い。

壁を乗り越えられないのは、壁を意識し過ぎるからである。意識し過ぎれば気持ちが萎《い》縮《しゅく》してしまう。絶望的な気持ちになって諦めたり、やぶれかぶれになったりする。

私は、壁は越えるのではなく、上に乗っかればいいと思う。壁を越えるのはむずかしくても壁の上に乗るのは勇気さえあればできるはずだ。

子どものころ、私は自分の家や近所の家の塀に登るのが好きだった。塀という壁の上で遊ぶのはとても楽しかった。

塀の上に登ればふだんとは違う風景がぱっと開け、とても気持ちがよかった。幅の狭い塀の上をバランスをくずさないようどこからどこまでいけるか友だちと競争したりもした。

塀の上に乗っかればそこはもう壁ではなく、一本の細い道だった。一歩踏み外すと落っこちてしまう細い道の上でどれだけのことをして遊べるかが面白かったのだ。

仕事や人生で現れる壁も越えようとは思わないで、まずは上に乗っかってみればいいのだ。それは、壁となっている問題をとりあえず丸ごと受けいれるということである。乗っかれば視界が開けてそこからヒントとなる何かが見えてくるはずだ。

壁の上というのは台風の目のようなものかもしれない。目の前に立ちはだかる壁はときに荒れ狂う暴風のように感じたりするが、壁の上は台風の目のように風もなく晴れ渡って静かなものだ。それゆえに壁の上というのは意外に落ち着くのである。

そもそもその人が出くわす壁は、その人の力量をもってして越えられるものが与えられているのだと思う。だから壁の上に乗ってしまえばもう壁は半分越えていると考えていいだろう。

ともかく、壁にぶつかったら、壁の上に乗ってひとまず一息つくことだ。そしてしばらく遊んでみようというくらいの気持ちでいることである。

頑張らない——頑張ると柔らかさを失う

ウツ病で落ち込んでいる人に「頑張って！」と言うのは禁句という。落ち込みから立ち直りかけてきたころあいをみて、肩を軽く押すようなことを言うのはいいだろうが、深く落ち込んでドツボの状態のときにはまったく逆効果になってしまう。

ウツになっている心は柔らかさを失ってカチカチに硬くなっている。そんなところに

「頑張れ」と言うのは緊張を与えてさらに心を硬くさせることになってしまうから、当然のことだろう。

前向きな気持ちになっているときは、仕事でも何でも「よしっ、頑張ろう！」という気持ちになるものだ。「頑張ろう」と自分に発破《はっぱ》をかけ、気持ちに点火をする。自分を一瞬、前に動かす言葉として「頑張る」は悪くない。

ただし、あまり何でもかんでも頑張ろうというのはかえってマイナスだ。ウツになった人には頑張り過ぎた人が多いという。頑張り過ぎると心がぎゅっと硬くなっていく。あまりにも硬くなると伸びきったゴムのように元の柔らかさに戻らなくなってしまうのだ。

最近はヨガのようなものが流行《はや》っているようだが、ヨガで体を柔らかくするように心もいつも柔らかくしておいたほうがいい。柔らかいということは生きていく上でとても大事なことだ。

非常に優れたスポーツ選手は体も抜群に柔らかいものだ。ゴルフのタイガー・ウッズにしても野球のイチロー選手にしてもゴムまりのように柔らかい。

体が柔らかいと体全部を使うような動きになる。硬い人は体を部分的にしか使わない。体は全部を使うと単に部分を足した以上の大きな力になる。また全体を使うことで偏りがなくなりバランスのいい動きになるのだ。

タイガー・ウッズやイチローの動きを見れば、彼らがそんな体を持っていることがよくわかる。

私は道場生から「何でそんなに軟体動物のように体が柔らかいんですか？」と聞かれたりすることがあるが、何もヨガや体操の類をやっているわけではない。

そんなものをわざわざしなくても、ふだんの生活の中で遊び感覚でしょっちゅう手や足を曲げたり捻《ねじ》ったりしているので柔らかいのだと思う。心と体は表裏一体のものなので、体が柔らかければ心もおのずと柔らかくなるものだ。

道場生にも柔らかく打つこと、動くことが基本動作だということをよくしゃべっている。たとえば、牌を打つときはできるかぎり柔らかく持ってしなやかに速く打つ。最短の距離で打つために牌は持ちあげ過ぎず、また引き過ぎない。柔らかく打つには手首から先だけを柔らかくしてもダメだ。牌と体を一体にさせた感覚で下腹から柔らかくする……。

そうやっていくうちに、はじめは硬くてもだんだん動作から硬さがとれてくるのだ。ただ打つときだけ柔らかくしようと思っても限界があるので、ふだんから体のあちこちを使うような遊びを道場生たちとよくやっている。

柔らかければ、どんな状況になっても素早く対応できる。つまり、ミスをしても修正が速くなるのだ。硬いとそうはいかない。

柔らかく対応するということは、状況に応じて柔軟に変化していくということでもある。つまり、柔らかければそれだけ変化していく可能性を秘めているということなのだ。

頑張り過ぎると人は息が詰まってくる。それが激しくなるとあたかも息を止めたような状態になる。息を吐くと体も心もゆるむが、息を止めれば体は硬くなる。頑張り過ぎている人は息が止まったような硬い体になっている。

今は何にでも頑張ることが奨励されるような社会だから、頑張り過ぎてへんに硬くなっても、周りがそうだから自分がおかしいと自覚できないこともあると思う。一度自分の胸の上のあたりで息がきゅっと詰まっていないかチェックしてみるといい。そんな感じが何となくするという人はけっこう頑張ってしまっているのかもしれない。

頑張る気持ちで心がパンパンになっていると思ったら、ゆっくりと息を吐くといい。息と一緒に「頑張りの精神」も少しは吐きだされるだろうから。

悟らない――悟らぬうちが花

麻雀の代打ちを始めていつの間にやら「雀鬼」という呼び名を周りからつけられてしまった私だが、鬼という言われ方は自分でもそこそこ気に入っている。

鬼という言葉を辞書で引くと、「天《あま》つ神に対する地上の悪神」という意味があるらしい。おそらく天つ神には完成された存在感があるのだろうが、地上の悪神にはそういうものがない。そこがかえって自分には好ましい。

人からは「麻雀をきわめられたんですね……」といったことをしばしば言われたりするのだが、自分では滅相もないと思っている。

スポーツでも武道でも画や書などの芸術でも、それぞれを一つの道とすれば、その道には果てがない。究極という言葉があるが、究極という状態はこの世にはそもそも存在しないのだ。

若いころ、私は「何でみんなこんなに負ける麻雀を平気で打つんだろう？」と思い、自分は麻雀を「わかっている」と思っていた。ところが、打ち続けているうちに「わかっている」と思っていたことそのものがわからなくなってきた。

そして、奥へ進めば進むほどそういう思いはますます強くなっていった。途中で「わかった」という気持ちになっても、そこを過ぎるとまたわからなくなる。その繰り返しなのだ。

以前は他の人より二、三歩は進んでいると思っていた麻雀だが、最近はもしかして一歩すら進んでいないのではという気持ちになったりしている。

では、昔、「わかった」と思ったのは何だったのだろうか。それはけっして錯覚ではないと思う。その時々のレベルではたしかに「わかった」ことがあったのだ。つまり、力のレベルが一〇〇のとき、二〇〇のとき、三〇〇のとき、それぞれの「わかる」レベルが違ということである。

そう考えると、「わかる」ことに究極はない。釈迦《しゃか》でもキリストでもふつうの人が一〇〇わかっているところを一〇〇〇わかっていたかもしれないが、一〇〇〇の上にはもしかして二〇〇〇、三〇〇〇というレベルがあるのかもしれない。

そう考えていくと本当の「悟り」、究極の「悟り」というものは人間が到達できない領域のものなのだろう。

だから、安易に「悟り」などという言葉は使わないほうがいい。そもそも悟ってしまったら、そこから先はないということではないか。悟ってしまったら面白くない。人生は悟らぬうちが花である。

苦しまない――期待しなければ苦しくならない

苦しい感情というのは、どんなところからくるのだろうか。たいていの場合は苦しさの原因となる一つのはっきりした方程式がある。

その方程式とは簡単に言うと、「期待」や「目標」が思い通りにならないというものだ。人は何かを期待したり、目標を持って生きるものだが、期待というのは往々にして外れるものだし、目標も思い通りに達成するということはそんなに多くはない。

苦しみの多くは、そんな思い通りにいかないところから湧《わ》いてくるものだろう。

私は「期待は病理」ということをよく言うが、期待というのはあまりしないほうがいいのである。もちろん人間の自然な感情として何かをすればおのずと期待というものは芽生えたりするものだが、それは一瞬感じたらあとは忘れてしまったほうがいい。

とくに大いに期待するということは最悪の結果を招くものだ。大いに期待すればまずその通りにはならない。それは新たな苦しみや葛藤《かっとう》の元となるだけである。

それゆえ「苦しい状態」に陥らないためには、はじめからあまり期待しないことが決め手になる。期待することに慣れている人は、期待を抑えると行動に積極性が失われてその通りにならないんじゃないかと逆にちょっとした不安を感じるかもしれない。

ところが、期待するより期待しないほうが、物事は上手くいくことが多い。期待しないと変に気張ることもなく、余裕を持てるからだろう。余裕があれば全体が冷静に眺められ、正確に考えたり、動けたりする。期待しなくとも、やるべきことを正しくやっていればおのずとしかるべき答えは出るものだ。

では、すでに苦しんでいる状態にあるときはどうするか。

「たいしたことない」と「知ったこっちゃない」、この二つを私はよく念仏のように口にするのだが、そんなふうに思っていると辛いなというときでもその気分が次第にやわらいでいくのである。

たしかに深刻そうな問題でも、本当はたいしたことはないのかもしれない。たとえば地球サイズの目線で考えれば、人一人の苦しみなど別に「たいしたことない」というふうになるかもしれない。あるいは、目の前の苦しさは、自分に今起きている一〇〇個のことの中の一つに過ぎないと思えば、ちょっとは気が楽になるだろう。

深い苦しみともなると、そう思っても簡単に解消されるものではないが、そんな感覚を持っておくのは大切なことだ。

人は人生の長い道を歩いていたらいろいろなものに出くわす。「ああ、大変だ〜」と思いたくなるようなことはいくらでも起きるだろう。

でも、ふだんから「たいしたことない」「知ったこっちゃない」の感覚で流していると辛いこと、苦しいこともほんとにそんな気持ちでどこか受けいれることができるようになるのである。

隠さない——賢く見せるのは賢くない

以前、食品や建築物の偽装問題が大きな社会的事件になったが、今や人間も偽装する人だらけの時代になったようである。

偽装する人が増えたのは、何よりも賢く生きようとする人が増えたからにほかならない。賢く生きようとする人ほど、偽装は上手くなる。この社会は「賢く生きる」ということが高く評価される社会だから、自分を賢く見せることは最も努力すべき対象なのである。

なぜ賢く生きることが望まれるかと言うと、当たり前のことだがそのほうが得をするからだ。賢く生きると、仕事で成功したり、お金持ちになったり、人の称賛を得たり、漏れなくいろいろな特典がついてくるのである。

反対に馬鹿に生きると、損をすると思われている。だが賢く生きているように見える人でも、かならず馬鹿な部分やダメなところはあるものだ。

賢くない部分とは単に知識がないといったレベルの話ではない。ズルかったり、卑しかったり、利己主義であったり、人から信用を失いかねない人間的にダメな部分をも含む。

賢く生きようとする人は、自分のマイナスの部分が人にわかってしまうといやなので、偽装すべく一生懸命になるのである。

そして今や日本人の大半が賢く生きようとしている。たとえ馬鹿に見える人でもどこかで賢く生きようと思っている。そんな状況だから、あちこちに偽装する人間がますます増えるのである。

ところが、得すると思って賢く振舞う人は、結局損をしたりする。賢く上手に振舞おうとプラスの面だけを出し続けることはしょせんできないのだ。プラスの面ばかり出していた人がマイナスの面をふと出してしまったりすると、それによってこれまでのプラスの積み重ねが全部吹っ飛ぶということだって起きかねない。

賢く生きようとして賢い面だけを見せようとするのはそもそも不自然なのである。それははじめから無理のある生き方なのだ。

私などは人に自分を賢く見せようなんてさらさら思わない。知識をいっぱい持っている人と対談をしても、「先生、それ俺にはわからないよ〜」というような調子だ。それで相手から何も知らないなとバカにされるようなことがあってもぜんぜんかまわないのだ。

賢く見せることに一生懸命になるといろいろなところで辛くなるが、賢くないダメな面も最初から素直に出しておくと楽である。計算もなく素《す》をそのまま出すと相手はマイナス面も含めて存在そのものを受けいれてくれる。

たとえばプラス面が六、マイナス面が四あっても、その全体を素で出せば相手は「この人はダメなところが四あるけど、いいところが六あるからなあ」と思ってくれるものだ。

そんなふうに自分に素直に生きることができれば人生は楽である。賢く生きようとしたり、賢い面だけを腐心して人に見せるのは、結局賢くない生き方なのだ。

第二章　「何もない」から、満たされる

満たさない――「何もない状態」は豊かである

人はいつも何かが足りないという思いを抱きながら生きている。こんな不景気な時代であれば、お金が足りないという人も大勢いるだろう。愛が足りないという人も無数にいそうである。ある世代から上になるとほとんどが健康が足りないと思っているだろう。勝ち組、負け組という言葉を聞いて自分は負け組に入りそうだからたくさんのものが足りていないと思う人もいるだろう。

前にも述べたようにとりわけ現代社会は何かを得ていくことに決定的に価値を置いている社会なので、人間の心理としては慢性的に何かが足りない構造になっているのである。だが、「足りない」という思いが募れば、ストレスも大きくなるだろうし、幸福感はどんどん薄れていってしまう。

そして、この社会はいつも足りないと強く思わせてしまう環境にある。ＴＶをつければ新製品が「買って、買って〜。買わないと時代に遅れるよ」と迫ってくるし、繁華街を歩けば欲望を刺激するようにモノがギラギラするほど溢《あふ》れている。

雑誌やＴＶでは、驚くような贅沢な暮らしをしている人が紹介されたり、実年齢よりも一〇歳も二〇歳も若くてきれいに見える女性が出てきたり、華やかな経歴を持ったエリート文化人が豊かな知識を披露したりと、見ているほうが自分はぜんぜん足りてないなと思わせるような人たちを際限なく登場させるのである。

そんな環境にいれば、足りないから得る努力をしよう、頑張ろうと、必要以上にそうなってしまうのはある程度仕方がないのかもしれない。

しかし、不思議なもので、自分より足りていると思う人を見れば「自分は足りていない」と思うくせに、自分より足りていないなと思う人を見ても「自分は足りている」とは思わないのである。

雀鬼会の道場にきている若者たちはお金のない連中が多い。だが、彼らから「足りていない」という感情はあまり伝わってこない。それは雀鬼会の麻雀が世間で言うところの

「勝ち」や「お金」を「得る」ための麻雀ではないからだろう。

勝つためだけの勝負はいくら勝っても人に本当の満足感は与えない。負けても相手のことを思いやったり、きれいな心持ちで精一杯勝負できれば、納得感がある。

雀鬼会の若者たちはそんな納得感を求めて勝負したり、生きているから、「足りない」という感情が少ないのだ。

社員として働いているあるスタッフには、私なんかはいつも負けていると思ってしまう。彼は大学を出てからそのまま一〇年近く雀鬼会で働いているのだが、本当に何も欲しないのである。自分の給料まで仕事に納得がいかないといって勝手に一〇万円ほど下げてしまったりするのだ。あそこまで何も望んだり期待したりしない人間をほかには知らない。私はそんな彼の姿を見て「こいつにはかなわないな」と思ってしまうのだ。

「得る」ことに盲目的になっている世間の人から見れば、彼は「まったく足りていない」人ということになるだろう。しかし、彼ほど「足りている」人間はいないのである。

私は道場で「勝つ」ことを求めず「負けない」気持ちでやれと言っている。「勝つ」は人がつくりだす欲望だが、「負けない」は野生の動物が持っているような本能に近いところからくるものだ。

世の中では「勝つ」ことはいいことだとされているが、この「勝つ」は「得よう」という欲求と同じで際限がないのである。「勝つ」ことが至上の目的になれば手段を選ばなくなってくるからおのずと仕事でも人生でも卑しく汚いものが入ってくる。

しかし、「負けない」という感覚は自然の本能に近いところからくるものなので、必要以上に相手を攻撃したり、ダメージを与えたりということがない。「負けない」という気持ちでやれば節度のあるきれいな勝負になるのである。

それゆえ、「勝つ」という足し算の発想でやれば真の満足感は得られないが、「負けない」という感覚でやれば、勝ち、負けという結果がどうであろうと納得感が生まれ、「足りる」状態でいられる。雀鬼会の道場生がみな足りた感じなのも、そんな「負けない」姿勢でやっていることもあると思う。

足し算で生きている人は慢性的に「足りない」という気持ちに追われるわけだが、それにとらわれるあまり、すでに「足りている」部分を大事にしなくなる。足し算の人生の落とし穴はそこにある。

たとえば、六足りているけど四足りないな、と思うとしよう。その場合、足りている六の部分を大事にしないで、四求めることに神経がいってしまうのである。当然、六の部分は十分に生かされない。というより、六の値打ちにすら満足に気づいていない。

ほとんどの人はこの六の部分を生かし切れず、もったいないことをしているのである。ところが六の部分に気づき、六をフルに生かすことができれば、四足りないなということを超えてしまうのである。言ってみれば、すべてはすでに与えられているということに気づくのである。

あるお寺の座禅行に参加した外国の女性が半日断食をした後に出された僅かなお粥《かゆ》と沢庵が生涯で一番美味《おい》しいとしみじみ感じたという話を聞いたことがある。

どんなに贅沢な食事よりも、ただのお粥と沢庵という「足りてない」食事のほうが感動的で美味しかったというのは、ふだんの食事は当たり前のことと思ってあまり有り難く食べていなかったということでもある。

私はよくプロの格闘家たちから実践的なアドバイスを求められることがある。と言っても私は何も空手や柔道などの格闘技の経験があるわけではない。そんなただの麻雀打ちに、プロの格闘家たちは私に精神的なものでなく実践面でのアドバイスを求めにやってくるのである。

格闘技の専門家でもない門外漢がプロ相手に通じる実践的な体の使い方を持っているなど、はたから見ている人には理解できないことだろう。だが私にとっては子どものころから自然と身につけたもので格別不思議なことではないのだ。

私は、よくDREAM《ドリーム》（総合格闘技の興行の一つ）の試合を観にいくのだが、あるとき、そこに出場する選手から実践的なアドバイスを欲しいと言われ試合前の練習場へいったことがある。

はじめのうちはリングサイドから選手たちの動きを見て声を飛ばしていたが、そのうち気がついたらリングに上がって手取り足取りアドバイスをしていた。

体の使い方についてあれこれやっているうちに一〇〇キロを超す選手に私が覆いかぶさ

ると相手はまったく身動きできなくなってしまった。私は体重六〇キロ足らず、老齢の域に入りかけている身である。

当然筋肉の力で押さえ込むことなどはできない。だから相手の選手は非常に不思議がっていたが、こちらが力を上手く抜くとそういうことが可能になるのである。

言葉では上手く説明できないのだが、力を抜くと逆に筋肉で出す以上のとんでもない力が出てくるのである。力を抜いたとき、体は体のすべてをフルに使っている状態になる。もちろん、それは無気力になる脱力とは違うものである。

ふだん、人は習慣的に体のある部分しか使っていない。どの部分を使っているかは人によってまちまちだが、実際全体の何割かしか使っていない。

このことは体を専門的に使うスポーツ選手も同じである。ふつうの人よりもよほど体のあちこちを動かしているように見えるスポーツ選手ですら、使わないで眠っている体の部分がたくさんあるのだ。仮に体が一〇の部分からできているとすれば、七だけ使って三は使われていない。そんな感じである。

一〇のうち五だけ使えば五以下の力、七だけ使えば七以下の力、ところが、一〇のすべて使うことができれば一〇でなく二〇や三〇くらいのとんでもない力になるのである。体から力を抜くことができれば実際にそういう状態になるのだ。

私は体重一〇〇キロのプロの格闘家からすれば、ぜんぜん力が「足りていない」はずだ。しかし、こうやって「足りていない」状態の体をフルに生かし活用すれば一〇〇キロの格闘家を逆に「足りていない」状態にしてしまうほど「足りた」状態になるのである。

この話で言いたいのは、ふだんわれわれは、自分の中で「足りている」ものをいかにムダにしているかということである。使わないでもったいないことをたくさんしておきながら、「足りない、足りない」と嘆いているのである。

「足りていない」と思っている状態は、実はすでに豊かな状態なのだ。自分には「何もない」と感じていても、すでにすべてが与えられていると思ってよいのである。

才能を磨かない――「生きる」という才能があれば十分だ

才能のある人はこの社会では重宝される。プロのスポーツ選手はスポーツの才能があるからこそ、サッカーや野球といったスポーツで飯が食えるのだろうし、お笑い芸人はお笑いの才能があるからお笑い芸人としてＴＶに出られるわけだ。サラリーマンだって会社で上手くやっている人は、行動力とか話術とか気配りとか、何か人よりちょっと優れた才能があるからそうできるのだ。

しかし、私はそんな才能以前に人はもっと大事な才能があると思っている。その才能に気づいていれば、わざわざ自分の中に社会で商品になる才能を見つけだして磨こうなどと一生懸命に努力しなくてもいいと思う。

むしろ社会に出て評価される才能を見つけようとか、それを磨こうという能力主義は必然的に苛烈《かれつ》な競争を生むものなので、ある面、人を確実に不幸にしている。しかし何をもって才能なのか、能力なのかというのはその社会の価値観や文化的な尺度によって大きく変わるものだ。

たとえばアマゾンの奥地に住む未開部族の吹き矢の名人がもし日本にきて暮らすことになれば、吹き矢の才能など何の役にも立たない。反対にプロのレーシングドライバーがアマゾンの密林で暮らすとなれば車を運転する才能など何の意味もなくなってしまう。私だって麻雀を上手く打てても麻雀をしない国へいって暮らせばその才能とやらを発揮することはできない。

人の才能や能力というのはそういう意味ではきわめて相対的なものだ。そんなものより私はもっと人の根っ子にある大きな才能のほうが大事だと思う。

それは何かと言うと「生きる」という才能だ。生きとし生けるものはみな生命に恵まれて、生命を連続させることで今を生きている。私はそれこそが人が持つ普遍的な才能だと思う。

たとえば赤ん坊を見ると、そのことがよく感じられる。赤ん坊には世間で言うような才能や能力といったものはないかわりに、生命を連続させる「生きる」という才能が純粋な形で表れている。

しかし、世間で最も評価される才能や能力にばかり関心がいくと、「生きる」という才能はいつの間にか忘れられてしまう。

いわゆる世間で評価される人の才能や能力はもし自然の中に放りだされればほとんど通

用しない。そういう意味では限界があるし、「たかだか」という面もあるわけだ。だが、そんな才能や能力と違って、人が生命を連続させて「今ここにある」という才能は普遍的な強さを持つすごいものだと思う。

環境破壊の本質的な問題はその生命の連続に傷をつけたり、断《た》ったりする鈍感さから生じる。それは裏返せば才能や能力ばかりを高く評価する風潮からも生まれていると思う。そんな意味でも、われわれはこの生命を連続させる才能というものにもっともっと目を向けたほうがいいだろう。

休まない――仕事が休みになる

ある取材を受けている最中、編集者に「桜井さんを見ているとわざわざ〝休もう〟という気持ちがないように感じるのですが……」と言われたことがある。

実際に私は「疲れたからちょっと休もう」というふうに、「仕事」と「休み」を意識して分けることがない。

たとえば取材を受けるときなんかでも、取材者の質問に一つ一つ集中して真剣に答えるという感じではない。かと言って不誠実な対応をしているわけではないのだ。飛んでくる質問のボールに対して真正面から打ち返さないで見送ったり、フォアボールを選んで出塁するようなときもある。わざとフルスイングで三振した後にあえて明らかにボールの球を芯《しん》に当てて長打することもある。

品行の正しい人から見ればひんしゅくを買うかもしれないが、親しい相手だと椅子の上に片膝《かたひざ》を立てて煙草をぷかぷか吸いながらしゃべっていることもある。「力を抜く」という話題になれば、椅子から立ちあがって取材にきた相手と体を組み合いいろいろな体の使い方を見せたりすることもある。

要は遊びながらやっているのである。何も取材だけでなく、他の仕事でもすべてこんな遊びの感覚をいつも入れてやってしまう。しかつめらしく仕事をするのが嫌な性分なのだ。だがそんな感覚でしたほうが、ノリがよくなるので結果的にいい仕事もできるのだ。

眉間《みけん》にしわを寄せながら仕事をすれば、きっと疲れが出て休もうというモードになるだろう。

だが、こうして遊びの感覚が入ることで、仕事をしながら同時に「休む」こともできるのである。だから年がら年じゅう自分では休んでいる感じがする。仕事をした後にわざわざ休む必要などないのだ。

「この仕事がすんだらちょっと休もう」と思うから、仕事が疲れて辛いものになったりするのである。そうではなく、仕事をしながらその中で自然と休む。そんな感覚で仕事ができれば言うことはない。

相手を読まない——分析したらそこで終わりになる

初対面の人と会うとき、人は誰しもたとえ一瞬にせよ、相手がどんな人か、あるいは何を考えているかを探ったり、読んだりする。親しい仲でも、相手の真意を探っていろいろな角度から相手を読むということを無意識にやったりしている。

しかし私は、人と接しているときに大切なのはこのような分析よりも、相手をありのままに感じることだと思う。

その理由はいくつかある。まず相手を読むという分析では一つ、一つ、分析していくので時間がかかり、全体を理解するまでに到らないからだ。

しかし、相手をありのままに感じていれば、そのような必要はない。相手を素の状態で感じることができれば相手の全体像が何となく見えてくる。

分析すると相手のイメージはそこで固定されてしまい、相手が変わってもその変化に気づかなかったりする。しかし、感じるように接すれば相手も水が流れるように絶えず変化しているのが肌身でわかるだろう。

分析とは結局、自分が与《くみ》しやすいよう相手のイメージをつくっていくことにほかならない。すなわち、分析することで相手の存在を収まりのいいものにしたいのだ。だから分析をいったんしてしまうとそこで相手のイメージは固められ、それ以上、前へも後ろへもいかなくなってしまうのである。

要するに、分析は分析したらそこで何かが終わるということである。「分析しました」「それで？」という、「それで？」から後がなくなってしまうのである。

人というのは単純なようで複雑な生き物である。「この人はこんな人で～」など数言で言い表せるようなものではないし、すべてをわかるなんてことはとても不可能である。

考えてみれば自分のことだってよくわからないのにましてや他人のこととなればなおさらだ。分析にすぐ向かってしまう気持ちは、そんな理解できない状態に恐《こわ》くて耐えられないから起きるのである。

人が人を分析をもって理解するということは最終的に不可能なことである。それよりも、自分が素直になって相手を感じるほうが、相手を少しでも「わかる」状態になる。

人を自然に置き換えればそのことがよくわかると思う。山や海へいって周りの景色を見ながら、この風はこのくらいの速度で、この木は何という種類で、この海水は塩分が何パーセントくらいで……といくら分析をしても自然は理解できない。ただ体に周りの風景を染みいらせるように感じることでしか、自然は入ってこない。

相手を「読もう」と思ったら、「読めない」ということを前提に少しだけそうしてみるにとどめる。その後は、ただ「感じる」のだ。本当の新しい関係はそこから生まれてくると思う。

「絶対」を求めない――アバウトなほうが的を射る

「あいつはアバウトなやつだ」

そんな言い方はたいがいよくないニュアンスで使われる。どこかいい加減だとか、約束にルーズだとか、アバウトはそんな意味合いで使われることが多い言葉である。

しかし、このアバウトが「だいたい」とか「何となく」といったニュアンスであるならそれは非常にけっこうなことだと思う。

麻雀を打つときは当然、相手の牌は見えない。けれど相手の打ち方を見ていると、私には何を持っているかが何となくわかることがある。

そしてその「何となく」という感覚はたいがい的を射ている。「何となく」という、どこかおぼろげな感覚のほうが対象にすっと入っていくことができるのだ。

もしそこで私が分析して、「○○に違いない」という確信めいた気持ちでいれば、おそらく的を外すことになると思う。

このような絶対的な感覚、「絶対感」ほど危険な感覚はないのだ。なぜならこの世界でこれから起こることに対して「絶対」と言い切れるものは何一つとしてないし、すでに起こってしまった事実に対しても唯一絶対という見方や考え方はないからである。

黒澤明監督の映画「羅生門」では、ある事件をめぐって現場にいた三人の登場人物が証言を行うがいずれも一致しない。真実は藪《やぶ》の中というのがこの作品のテーマでもあるのだが、真実は藪の中と言うよりすべて相対的なもので決まると言ったほうが正確だろう。

実際、現実のことは人間にとってすべて相対的なものでしかない。だから「絶対」という言葉ほどあてにならないものはない。

仕事で相手が「絶対」という言葉を使ったときは、たいてい疑ってかかったほうがいい。詐欺的な商売をしたり、自分を過信している輩《やから》ほど「絶対」という言葉を連発したがるものである。

人が絶対という言葉を使うときは、相手を騙《だま》そうという動機でなければ、自分の分析に過大な自信を持っているか、強い思い込みをしているか、おかしな妄想を抱いているか、おおよそそんな理由からである。

面白いもので、文章となるとしゃべり言葉に比べて「絶対」という言葉に触れる機会が少ないように思う。おそらく、しゃべっているときは「絶対」と言っている人も、いざ同じことを文字で書くとなるとその「絶対」が証拠となって残るから慎重になるのかもしれない。

何か目標を立てて「絶対、この勝負に勝ってやろう」とか「絶対、この仕事を成功させてやろう」などと思うと、かえって無理な力みが入って調子をくずし、おかしな方向へいったりするものである。

「絶対」はこのように禁句と言ってもいいような言葉である。「絶対」は一〇〇パーセントだから、車のハンドルにたとえれば〝あそび〟がない状態。反対に「だいたい」や「何となく」は適度な〝あそび〟がある感覚である。そのほうがブレることなく安定するし、正確に前へ進めるのである。

私が麻雀と出会い、それとともに人生を歩んだのも、「絶対的に素晴らしいから絶対、仕事にしよう」と麻雀に対して思ったからではない。何となく麻雀と出会い、気づいたら何となくずっと打っていたという感じである。

「何となく」という感覚で対処していったほうが、「絶対」という気持ちでいくよりも、長く続くものだし、「だいたい」という感覚でいったほうが的を射る。

「何となく」や「だいたい」の感覚は、力みをなくし、それゆえに余裕を持って全体を見ることができるからだと思う。「絶対」と力んでいるときは視野は狭くなり、感覚は鈍くなる。

人は大きな目標に「絶対感」を抱きながら近づこうなんてしないほうがいいのである。

格好をつけない――「　」をつけないことが、格好いい

格好をつけている人を見ると、その存在に「　」(括弧《かっこ》)がついているような感じがする。振舞いの一つ一つに「　」がくっついていて、中身よりも「　」のほうに目がいってしまう。そんな感じだ。

その「　」はたいてい決まった形をしている。「りっぱなことをしています」、「正しいことをやっています」、「愛をたくさん与えています」、「　」の中にはそんなものが入っていたりする。だから、格好をつけている人を見ると、「またこの「　」か〜」、というふうに思ってしまうことがよくある。

本当に格好がいい人は、そんな「　」なんてなくて格好がいい人だ。たとえば、私は頭を使う人より、体を使って何かをしている人のほうが好きなので、肉体労働者なんかを見ると素直に格好がいいなあと思ってしまう。

先日、若者で混雑する町中で大きな風呂敷包みを背負ってえっさえっさと歩いているお婆さんを見たが、そんなお婆さんにも格好いいなあとつい見とれてしまった。体を使う仕事というのは嘘がないから、よけい格好よく見えるんだと思う。

大企業の社長とか、政治家とか、ＴＶに出てくる大学の先生とか、そういう人は「　」

がたくさんついている。

世間で格好いいとされるブランドの札を自分にぶらさげている人は、「　」がたくさんついているようで私から見ると格好が悪いのである。

だから、たとえば、東大を出ても東大という肩書がまったく何の役にも立たない仕事を選んでいるような人であれば、「　」がついていない格好のいい生き方をしているのかもしれない。

「　」があることは世間的には格好がいいから、「　」は強い競争の対象になる。でも、私からすれば「　」をつけていること自体がすでに格好が悪いと思っているから、そんな競争もひたすら格好悪く目に映る。

「　」をつけて悦に入っている人は、「　」がついていない格好のよさがなかなかわからないかもしれない。だが、一度「　」を外してしまえば、「　」がないという格好のよさが何となくわかると思う。

「　」にこだわる格好を追求し続けると、中身がなくなってやがてまったく「　」だけの空洞化した存在になってしまうだろう。「　」をつけて格好をつけているのかなあ、と自分のことをちらっとでも思うなら、一度思い切って「　」をとってみてはいかがだろうか。

プライドを持たない——誇りはうつむき加減に持つ

プライドという言葉を以前より耳にする機会が増えたように思う。誇りとか自尊心といったものにこだわりを持つ人が増えたということだろうか。

誇りや自尊心というのは、生きていく上で必要なものだが、ときとして邪魔になることもある。

たとえば、昨今増えている自殺の原因は何よりもこの自尊心というやつだと思う。お金がなくなって生活が苦しくなるだけで人は死なない。生活が苦しくなることで自尊心が傷つけられ、無残な姿になるのが耐えられないのだ。でも、そこでプライドなんていいやと捨てられる人はどんなに辛くてもその状態をしのいでいける。這《は》いつくばってでも生きていける。

雀鬼会の道場にきている若い連中の中にも変にプライドが強い子がいる。権威主義的でプライドの高い親に育てられてそうなってしまったものもいれば、難関と言われる大学に入ってブランド意識を持ってしまったのもいる。しかし、そんなプライドは行動のしばりとなってついつい表れてしまうものだ。

私は機会を見つけては「そんな屁《へ》にもならないようなものなんて持つなよ」と彼らに言ったりする。そして彼らと遊ぶなかで彼らのプライドを引っかき回すようなことをやったりする。そうしているうちに、かたくななプライドも徐々にほぐれてくるのだ。

プライドとか誇りという言葉には尊い響きがあるように感じたりするが、けっしてプラスだけのものではないということだ。もちろんそれなしでは納得のある生き方はできないだろうし、反対に過剰にあり過ぎると生きるさまたげにもなるわけだ。

私は自分に引きつけて誇りというものをじっくり考えたことはないが、そのようなものが何かあるとすれば、牌を打つ瞬間にそれはあるような気がする。ただそれは打ち終わった後には消えてしまう。そんな感覚である。

結局、プライドとか誇りというのはそこに何を盛り込むかで、生き方が変わってくるものなのだ。

たとえばどこそこの一流ブランド企業で働いているといっても、そこでどんな動きをし、どんな仕事をしたかが重要である。だが、それを差し置いて一流企業にいることそのものがプライドになっていれば、そんな誇りはゴミのようなホコリと変わりはしない。ホコリのような誇りを身にまとっている人はたいした生き方はできないだろう。


野球やサッカーなどスポーツのスター選手を見ていると、プライドの持ち方がいかに重要かがよくわかる。

Jリーグ発足時代からスター選手として脚光を浴びたサッカーの三浦知良選手はとうに盛りを過ぎた今も現役を続けている。もう若くはない体にムチうってひたすらボールを追いかけている姿は、少年サッカーのような無邪気さを感じさせる。

彼が往年のスター選手時代と変わらぬプライドをいまだに持っていたら、現役を続けることはできないだろう。今の彼にとってはおそらくグラウンドで純粋にボールを追い続けることが誇りなのだろう。こういう形の誇りはいいものだ。

上のほうを向いて鼻高々としている誇りはいいものではない。三浦選手が地面のボールに視線を落とすように、誇りはうつむき加減に持ってこそいいものになるのかもしれない。

覚えない——知識は足すより引いてみる

「年を取ったせいか物忘れをすることが多くなった」

そんな嘆きを年配の人からよく聞くが、私は若いころから「忘れる」ことが多い。

ただ、私の場合は記憶力に関わることではなく、覚える気のないものが片っ端から抜けていくらしい。反対に忘れてはいけないことだけはしっかり覚えている。

たとえば、日々、しなければならない用事などは、手帳を持たないからすべて頭に入れている。たとえ用事がその日、二〇個、三〇個あっても全部頭に入っていて、一つずつこなすことができる。ただ、最近は年のせいか、その中の一つ、二つを忘れてしまうことがある。

ふだんよく忘れるのは、人の名前や自分の書いた原稿の内容など。そのため取材を受けたときも同じようなテーマの話をついしてしまったりする。
しかし、これは自分を正当化するようで恐縮だが、忘れているからこそ同じテーマの話でも違う角度、違う色合いでできるんじゃないかと思っている。きっちり覚えていれば、このテーマはもう書いたことだからいいや、となって触れることはないかもしれない。

たしかに忘れるからまた何か新しいものがふと湧いてくるような気はする。新しいことを書こうと思えば、ふつうならいろいろな本を読んで知識を増やしてそうした中から新しい何かを生みだそうと考えるだろう。

だが、私はそういう発想が端《はな》からない。本は読むことは読むがそんなに読むというわけではない。たまに本屋へいってまとめて買ってくることはあるが、その中でも面白いと思って最後まで読むような本はあまりない。つまらないと思えば初めの数頁で放りだすこともある。

つまらない本はもちろん何も覚えていないが、面白いなと思って読んだ本でも中身はけっこう忘れてしまう。

熱心に勉強しているような人は本を読みながら知識がどんどんたまっていくのだろうが、私は新しい知識に触れてもすぐ忘れてしまう。

知識を足し算して新しい知識をつくりだそうというのが一般的な考え方なら、私の場合は半ば無意識のうちに引き算の発想をしているのかもしれない。

つまり、知識を増やすと逆に自分の中から新鮮なものは出てこなくなる、あるいは本能的な感覚が鈍くなる、そんなことをどこか肌で感じているのだ。だから無闇《むやみ》に知識を増やす必要はないと思って、入ってきた知識もすぐに抜けてしまったりするのかもしれない。

後でまた詳しく述べるが（80頁）、私はたまに人の体をいじって、相手の調子の悪いところをよくしたりすることがある。しかし、それは私に体についての知識がないからこそできるんだと思う。もし知識があれば相手を治そうという感性は働かないだろう。そういう意味でも私にとって知識というのは基本的に引き算で考えるべき対象なのだ。

いわゆる知識人の人を見ていると、知識があり過ぎてかえって頭が混乱しているように見える。知識が好きな人は知識があればあるほど賢くなると単純に思っているのだろうが、実際は反対にバカになっていく人も少なくないと思う。

知識が多いという自信があっても、自分も現実も一向に変わらないなと感じている人は知識の強迫妄想に取りつかれている可能性がある。

知識は思考の道具であり材料であるが、その道具や材料が多過ぎると、思考の作業にムダが増え、生き方がブレてしまったりするのだ。

たとえば家を建てる際、材料や道具が多過ぎれば、どの材料を使おうかとか、どの道具でやると一番いいかとか余計な選択肢がたくさん増えて作業がスムースにいかなくなる危険性がある。その結果あまりいい家ができなくなる。それと同じだ。

最低限の知識と、それにさまざまな体験や本能をベースにした感性さえあれば、三六〇度回転するような柔軟な思考は可能だと思う。それで十分ではないか。

知識はため込まず忘れる。知識は十分にあるはずなのに一向に現実は変わらない、生活は変わらない、そう感じている人がもしいたら一度そういう発想をしてみるといいかもしれない。

急がない——ゆったりすると物事を鋭くつかめる

最近、町を歩いていると人の歩き方が速くなったことを感じる。明らかに昔に比べて人の歩き方が速くなっている。昔というのは何も戦後間もない私の少年時代の話ではない。たかだか一〇年、一五年ほど前と比べても人の歩く速度は速くなったと思う。

私は外を歩くときはゆったりと歩く。周りの人の半分くらいのスピードだ。だから人はどんどん私を横から追い越していく。

私が歩く速度は昔とまったく変わっていない。人と待ち合わせをしたり、仕事で約束の場所へ出かけるときも、急いで歩くようなことはない。時間に遅れそうだとあわてて小走りになったりするようなことは滅多にない。

私は心がせかされるのが嫌なので、かならず約束の時間の数十分前には着くように家を出るのだ。だからどんなときもいつもと同じようにゆったりと歩いていける。

人の歩き方が速くなったのは、ひとえに社会の変化するスピードが速くなったからだろう。それはビジネス社会の競争がますます激しくなっているということだから、歩く速度が増しただけ人々のストレスも大きくなっているのだろう。

忙しいからだけではない。今の人たちは不安や焦りも強いので、なおさら前へ進もう、進もうという気持ちが強くなってそれがまた歩きを速めているんだと思う。

私がゆったりと歩くのは、ゆったりとした気持ちでいつもいたいからだ。ゆったりとした気持ちでいたいというのは仕事を多少急ぐときでも、プライベートな用でちょっと急がなければいけない状況でも同じだ。体は速く動いても気持ちまでせかされたくはない。

せかされた気持ちで物事をなすと往々にしてミスをするし、たとえミスをしなくても質を伴わない結果になるものだ。それに仕事や用事に自分が支配されているような感じになってきて気分もあまりよくない。

いずれにせよ、走るように仕事をしたり生活を送るのはいいことではない。走ってばかりいると精神は摩耗していくし、本当に失敗も多くなる。

せかされる状況を招かないようにするには、仕事を速く楽しくやるコツをつかむことだ。

それにはまずしかるべき準備をきちんとしておく。そうすればいざその仕事をする段階であわてることはない。さらに仕事そのものも努力して頑張るのではなく、工夫をすることで楽しくする。そうすることができれば仕事は実際、速くなる。

少し前のことだが、ある出版社から書店に並べる私の本にサインを一〇〇冊分欲しいと頼まれ、一〇〇冊の本にサインをしたことがあったが、二〇分足らずですべて書き終えることができた。しかし、出版社の人はまさか二〇分でやったとは思わず、「これだけ丁寧なサインだと一時間以上はかかったでしょう」と感想を述べていた。

私は書いている間、道場生にタイムを計らせ、どれだけ速く書けるかゲーム感覚でやったのである。ただ機械的に同じことを繰り返すという感覚でやっていれば退屈してしまってこんなに速くはできなかっただろう。それを自分の限界を遊びで試してみようという気持ちでやったから楽しみながら短い時間でできたのだ。

実は仕事や用事を素早くすますという感覚は、日常の中でゆったりと過ごしているときから地続きなのである。

ゆったりと外を歩いているときでも、私は自分の体のあちこちのセンサーを無意識のうちに働かせている。クジラなどが超音波を出して海底の深さや行く手の対象物との距離を測るような感じで、自分のセンサーから何かを飛ばしているのだと思う。その飛ばしたもので、目では見られない遠くのものから近くにあるものまで一度に一〇個くらいのものをとらえる感覚で歩いている。

つまり気持ちはゆったりとしていても、センサーはいつも鋭敏に開いている状態なのだ。しかし気持ちがゆったりとしていないとセンサーはブレたり閉じたりする。つまり速く歩くとセンサーがあまり機能しなくなるのだ。

すなわち、ゆったりと歩くのは、なるべく自分を自然な状態に置いておきたいという本能的な欲求と言えるかもしれない。

感覚が立っているとちょっとした変化も鋭くキャッチできる。そうやって常に周囲の変化の流れを敏感に感じていると、自然と思考や体が素早く動くようになってくる。そのことが仕事や用事をすます際にも生きてくるのである。

正さない——部分だけ正すと元に戻る

私は体に不具合を抱えている人を見るとたまに手助けをしたくなることがある。腰や背中が痛いとか、内臓の調子がおかしいとか、体の不調で困っている人が身近にいたら、気まぐれで手を差し伸べるときがある。

私はもとより整体やマッサージの心得は何もないし、仙骨がどこにあるかとか、頸椎《けいつい》の何番はどこだとか、体についての知識もまったくと言っていいほどない。だが、ここがおかしいとか、ここが悪いといったことが感覚で何となくわかる。そしてそれを修正しようと体のあちこちを感覚でいじっているとその不調が解消されたりするのだ。

理屈では説明できないことだが、そういうことをたまにする。椎間板《ついかんばん》ヘルニアを患ってその後遺症が残っているという取材でやってきた編集者の体をみる機会があった。

椎間板ヘルニアというのも結局、体のちょっとした使い方の歪《ゆが》みやふだんの姿勢の偏りなどから起こったりする。そこで歪みを見つけるために彼にまずそこらへんを歩いてもらった。すると顔が重くなって前に突きでているなあということがすぐさまわかった。体のひずみがそこに最も現れているということである。

それから本人に何パターンかの方法で足や膝を動かしてもらったり、かつ目線を今より上に持ってくるような調整を試みた。時間にして一五分足らずだろうか。

それだけで重そうに前に突きでた顔が体の真ん中に戻り、目の表情や輝きもぜんぜん違うものになった。完治していなかった椎間板ヘルニアも楽になったという。以前にも重い椎間板ヘルニアにかかって松葉杖《まつばづえ》で歩いていた仕事先の知人をみたところ、その場で松葉杖なしで歩けるようになったということがあった。

体の歪みを正すには体の全体から見ていかなくてはいけない。その編集者に顔が前に重く沈んでいるという指摘を最初にしたとき、彼は頭を後ろに戻そうとしたがだめだった。こういうことは意識してもすぐに戻ってしまうのだ。つまり、その部分だけを正そうとしても無理な力が働いてダメなのである。

足の関節や膝、腰、首……、ポイントとなるところを順番にすべて調整してはじめて体の歪みが正され、自然な状態に戻ることができる。体というのは部分だけではなく、全体から見ていかないといけないのだ。

欠点となる性格や行動パターンを正そうとするときも、体の歪みを正すのと同じことが言える。

欠点を意識してそこだけ何とかしようと思っても直すことはむずかしい。たとえば短気を直そうと短気を起こしそうになったときに我慢を重ねてもしょせん長続きしない。あるいは仕事やプライベートで遅刻グセのついている人がそれを気をつけてもなかなかよくはならない。そうしたものはどうすればいいのか。

ダメな部分だけを対症療法のように正そうとしてもかならず無理がある。欠点を正そうと思えば、それを正そうとする気持ちそのものがまた余計な障害になってしまうのである。

ハリの治療などで頭痛を治そうとすれば、頭をいじらないで首や背中をみたりする。それと同じで、問題の箇所から離れたところにあるツボを見つけて押すような感覚が結果的に改善や修正へと導いてくれるのだ。

短気の場合は短気が爆発するのを我慢するのでなく、相手の立場や条件を極力理解して許すという感覚を覚えれば短気を起こす機会は減ってくるだろう。

遅刻グセの場合も遅刻はダメだ、ダメだと思うだけでは改善されない。そうではなくて早めにいったときの体験とその感覚をベースにすることが修正へのきっかけになる。つまり早めにいったほうが精神的に余裕が生まれ話し合いや物事がスムースにいくという気持ちよさが体感できるので、その実感を重ねることで自然と余裕をもって約束の場に出向くようになるだろう。

正そうと思うことは、そこだけを取りだして正そうとしないことだ。それとは直接関係のないようなところに正すきっかけとなるツボが潜んでいたりする。それをあわてずに見つけることである。

意味を求めない——意味のないところに可能性がある

ある企業の経営者から、若い世代のサラリーマンの行動パターンが以前と比べて変わってきたという話を最近聞いた。

たとえば、上司が何か用事を言いつけると、

「それはどういう意味があるんですか？」

と聞き返してきたりするらしい。「意味を感じられず、無駄と思われることは極力しない」といったきわめて実利的かつ合理的な考え方がとくに若い世代の間に広まっている、とその経営者は言っていた。

地球上で行動に意味を求めるのは人間だけである。昆虫や魚や動物は意味を感じたり探ったりすることはしない。彼らはひたすら本能で何かを感じ動くだけだ。

だが、頭で考える人間はそうはいかない。これをすると得か損か、いいか悪いか、価値があるか無駄か、そんなことを考えながら絶えず行動する。そして、今のような頭でっかちの社会になってくると、いつも自分の行動に合理的な意味づけをしないと何もできない人が増えてくる。「先に意味あり」でないと、自分の存在に意義を見出《みいだ》すことができないのだ。

酔狂という言葉がある。世間では無意味と思われるようなことにうつつを抜かしたり、

明らかに損なことを面白がってやったりする、そうした類の振舞いを言う。それゆえ酔狂には世間では権威があったり大きな意味あることとされているものを無意味にしてしまうような爽快《そうかい》さがある。

もちろん、酔狂なことをする人間はその人なりの意味をそこに見出しているわけで、当人にとってはまったく無意味なことをしているわけではない。

しかし、意味を合理的に見つけないと動けない、無駄なことはけっしてしないというような無粋さはそこにない。酔狂なことをするには、世間の意味をぱっと捨ててしまうような大胆さやユーモアのセンスがないとできないのだ。

何にでも合理的な意味を感じないと行動しない人には、そんな酔狂な振舞いというのは想像もつかないことだろう。

生まれたばかりの赤ん坊にとって周りのすべてのことは意味を持っていない。ただ本能でお乳をくわえたり、泣いたりするだけだ。それが成長するにつれてだんだんいろいろなものに意味をくっつけていく。そして大人になればもう数えきれないほどの意味でおおわれた存在となってしまう。

つまり、人というのはもともと、意味を持たない不合理な存在としてこの世に現れたのである。だからどんなに合理的な意味をたくさん自分に持たせても、根っ子にはそのような不合理なものを抱えているのが人という存在だ。しかしそんな不合理なものを抱えているからこそ逆に、人は伸びやかな精神を持てるのである。

ある人がこんなことを言っていた。「命は何よりも大事なものと言われたりするがそれは違う。その命に何をかけるかが最も大事で意味あることなのだ」と。

しかし、そういう生き方でないと認めがたいというのはその人の趣味だろう。命に強い意味を持たせないと生きていても仕方ないだろうという考え方は美しい志を思わせるところがあるが、私にはそういう人生観は強い意味に縛られ過ぎた病をどこか感じてしまう。

人生には無駄なことや意味がないようなことはたくさんあっていいと思う。それはそれで人生に豊かな栄養を与えてくれるからだ。不合理や無駄は、合理的に意味を求めるのではけっして得ることのできない大きな可能性を人に与えてくれる。

「意味を求める」姿勢だけでいくと、人は意味に縛られて窒息してくる。もっとも、そうなっても本人は窒息していることにはなかなか気がつかなかったりする。なぜなら、意味を絶えず求めている人は意味のあるところでしか呼吸ができないと思い込んでいるからだ。

だが、意味のないところではもっと深いゆったりとした呼吸ができるのである。

意味があるかないか、そんなことをいつも計算してしまうような人は、「先に意味なし」の状態でもどんどん動いていけばいいと思う。頭で意味を考えようとせず、感覚で動いていくのだ。心配しなくても動いているうちに意味は後からついてくる。

第三章　「求めない」から、上手くいく

求めない——求めると願いはかなわない

大きな夢もなければ強い願望も向上心もない。そんな人を見たらあなたはどう思うだろうか。「生きていて楽しいの……?」とか「粗末な生き方してるな……」とか、きっとマイナスの受けとり方をするだろう。もし熱心な宗教家がそんな人を見れば、「あなたのような人こそ神に救済されるべきです。神のお導きを……」とでも言い寄ってきかねない。

実は私自身、大きな夢とか強い願望とか向上心といったものを自分の中で強く意識することがない。振り返ってみても激しく何かを求めて向上心を抱いたり、飢えたように夢を追ったりすることがなかった。そう言えば、

「本当ですか? 少なくとも麻雀で勝負をしていたころは、麻雀が上手くなりたいという向上心は当然あったんでしょう?」

と突っ込まれるだろう。

しかし、そんな向上心は本当にまったくと言っていいほどなかった。代打ち勝負をして

いたころはただ、「今日は打っていて面白かったな」と感じたり、「あそこであんなふうに打ったらいい流れに変わった。そうか。明日もまたそんなふうにやってみよう」と思ったりの繰り返しであった。

つまり、何かを発見して面白かったり、何かがふと湧いてきていっそう楽しくなったり、そんな気分で毎日やってきただけなのだ。切磋琢磨《せっさたくま》して上手くなってやろうという気持ちは皆無であった。

そもそも私がやっていた麻雀の代打ちは、たまたま流れでそうなっただけで、仕事にしようと思って始めたわけではない。

だから代打ちで稼ぐことはあってもこれが自分の仕事と思ったことは一度もないのだ。

もとより私は学校を出てから、具体的に何か仕事をしようとか思ったことがなかった。楽しめるものがなければ別に何もしなくてもかまわないやくらいの気持ちでいたところに麻雀がふと入ってきたとしか言いようがない。

ふつうなら仕事を通して何かを実現したいというものがあるだろうが、私にはそんなものがなかった。出世したいとかお金を稼ぎたいとか、大きな仕事をして立派な人として世間から見られたいとか、そんなものを求めようという気持ちがさらさらなかったのだ。

向上心の強い人からすればきっと憐《あわれ》みを覚えられるほど、私は向上心が薄いのである。


一度だけ私は会社という組織で仕事をしたことがある。それは人間的に尊敬していた人がやっていた会社で、私は、

「給料はいりません」

とその社長に申告して、代打ち稼業の傍《かたわ》ら九年間、実際に無給で働いた。無給だからと言って仕事をサボるということはなかった。それどころか給料を取っている社員の数倍の働きをしたと思う。

なぜ無給でやったかと問われれば、報酬のために仕事をするという行為を否定することで純粋に仕事と向き合いたかったんだと思う。そこに私なりの納得感を見出したかったとしか言いようがない。人には理解してもらえないかもしれないが、それが私の生き方なのだ。

だから仕事を通して夢へ近づこうとか、仕事の技術を学ぼうとかといった、何かを強く求める気持ちがなかったのだ。

そういった姿勢は今に到るまで一貫している。たとえば、私をモデルにした数々の劇画や映画にしても、私からそれを望んだわけではないし、これまで何十冊と著した本にしても私から書きたいと望んで出したものはほとんどない。映画の制作会社や出版社から依頼がきて、「それじゃ、やってみるか」といったものばかりである。もし依頼がこなければそれはそれでかまわない。もちろん、具体的な形になればちょっとした喜びになったりもするが、自分から熱心に映画をやろうとか本を著そうということはないのだ。

自分から強く求めないのは、ふだんからやるべきことをしっかりやっていれば、おのずと何らかの形となり、それなりの結果が導かれるという思いが根底にあるからである。

自分の中に何かあるとすれば、せいぜい、こうなったらいいかなぐらいのうっすらとした思いである。一瞬思ったら、その後は忘れてしまうような薄い思いである。しかし、そんな感覚でいたほうが強く求めるより、いい結果をもたらすのだ。

それと同時に私が何事も強く求めないのは、そんな強い願望にはその先にどんな崇高な目標や夢があってもどこか卑しさを感じるからだ。夢という言葉はきれいな響きがあるが、夢だって求め方によっては卑しくなるのである。

私も含めて人は絶えず、大なり小なり何かを求めて生きていかざるをえない生き物である。夢、刺激、幸福、安心、安定、愛……。生が続くかぎり、人は求めることを止めない。だから、求めるという気持ちは永遠に埋まることがない。そして絶えず満たされないからストレスも多くなるし、ついには生きることに疲れてしまったりする。

今の社会には求めるものがあまりにも多い。ＴＶやインターネット、さまざまなモノや情報が人を刺激してやまない時代にあって、現代人は求め過ぎて「たかり症」にかかっているかのようだ。お金にたかり、愛にたかり、友情にたかり、安全にたかり……あらゆるものを求めて、たかっている感じがする。

求めてばかりいる環境において求めない行為には勇気がいる。しかし、するべきことをした上で求めないという姿勢でいれば、どれだけ無駄なことをこれまで求めていたかがよく見えてくるはずだ。

求める行為には一時の満足があるが、求めない行為には持続する納得感がある。満足は心の欠乏をすぐに生みだすが、納得は心が欠けることがない。

「求める」でなく「求めない」。

求めないことでやってくるものは無限にある。

目標を前に置かない——目標は横に置くといい

あなたが今、山の中にいるとする。しかし、もし「これからどこの地点に向かうか、あと何時間、あるいは何日で下山するかなど一切の目標をなくしてただひたすら歩かなければいけない」ということになったら、どう感じるだろうか。きっと大きな不安を覚えるに違いない。

目標というのは、人が生きる方向づけをする羅針盤のような役目を担っている。

目標をたくさん持っている人はそれがなければ気分的には楽だろうなと思ったりするかもしれないが、実際それがすべてなくなれば行き場のない不安と不自由さを逆に感じるだろう。

小さな目標から大きな目標まで目標にもさまざまなものがある。それをいかに持つかで人生の方向は変わってくる。だからこそ目標は上手く使わないといけない。

また目標はなるべく多く持っていたほうがいい。目標が多過ぎてしんどいという人がいたら、それは目標の立て方やそれへ近づく方法に問題がある。

目標は一つに絞り込むべきだという考えもあるが、一つだけの目標を熱心に追い求めると思考や行動の柔軟性がなくなってくる。

発想に柔軟性がなくなると目標への道筋は幾通りもあるはずなのに、そのうちの一つのルートだけに固執して行き詰まったりする。だからもし一つの目標を何としても実現したいと思ってもその周辺に衛星のようにそれを補足する目標をいくつも飛ばしておくといいだろう。

しかし、目標をいろいろ持つだけでは足し算の生き方になってしまう。目標を引き算にするには、目標を前に置くのでなくて横に置くことだ。小さな目標にしろ大きな目標にしろ、目標は絶えず目線の先にあるものだが、それを横に置くという感覚でとらえるのだ。

目標は遠くにあり過ぎるとただの期待で終わったり、おかしな妄想になってしまう。

たとえば、フルマラソンを走ったことのない市民ランナーがいつかフルマラソンの大会に出て二時間半以内で走るという目標を立てても、現実性から言ってそれは目標と言えるものではない。

目標というものは前に置くと、遠い目標でも遠近感がぼやけてけっこう近くにあるんじゃないかと錯覚したりするのだ。反対に近い目標だと必要以上に遠くに感じてプレッシャーに感じることもある。

だが、目標を横に置く感覚でいると、遠くても近くても、あるいは小さくても大きくても目標の現実感がよくわかる。そうなれば目標に必要以上にとらわれることも、プレッシャーになることもない。

つまり目標は両脇《りょうわき》に置くような感覚がいい。横をふと見ると目標が見えるような感覚。

目標を横に置くと目標のために過程をおろそかにするようなこともない。

目標を前に置くと、姿勢が前のめりになって視界が狭くなるが、両脇に置けばそんなことにはならない。余裕を持って目標と伴走できるのである。

わからない――「わからない」ことをわからないままにする

最近、TVをつけるとクイズ番組をやたら目にするようになった。それこそ世界史から娯楽や漢字にまつわるものまでありとあらゆるジャンルのクイズがTVという箱の中で飛び交っている。

人類が生きてきた長い歴史を考えると、クイズの種は尽きることがない。だからこの手の番組はつくろうと思えばいくらでもつくれるのだろう。

それにしてもクイズ番組がここまで流行るのはなぜだろう。一つには知識や情報といったものがこの社会では非常に値打ちがあるからだろう。

もう一つの理由としては、現代人は「答え」というものを強く欲しているからだと思う。先行きの見えない時代にあって、これからどう生きていくのがよいのか、何を求めていけばいいのか、何を心の拠《よ》りどころにしていけばいいのか、わかりやすい明快な「答え」

はどこにもないし、誰かがきちんと答えてくれるわけではない。

そんな漠然とした不安が蔓延《まんえん》する中にあって、クイズはさしあたって「答え」という手応えを与えてくれるものとして無意識に求められているような気がする。

クイズの「答え」なんてその場かぎりのものでしかないのだが、「答え」をたくさん知っておくと、ぼんやりとした不安感もいくらかは薄れるような気持ちになるということだろうか。

そう言えば、この社会に氾濫《はんらん》するマニュアルというものも「答え」があらかじめ用意されたものである。

私は具体的に今どんな本が売れ筋であるかといったことには疎い。しかし書店なんかにいくと仕事や生き方にまつわるマニュアル的な本がお店の中心を賑《にぎ》わしているのを否《いや》が応でも目にするから、この類の本が今、大勢の人に求められているんだろうなということぐらいは少なくともわかる。

面接で成功するためのマニュアル、仕事が上手くいくためのマニュアル、話し方が上手になるためのマニュアル、さまざまなマニュアルがあるようだが、これも仕事や生き方における「答え」の一つである。こうしたものを見るにつけ、今の人は「答え」というものに強くとらわれているんだなということを感じてしまう。

だが、そもそも生きていることに「答え」などあるのだろうか。哲学者などが「人生の意味とは何か？」みたいなことを問いかけたりするが、そんなものに意味などはじめからないのだ。

身も蓋《ふた》もない言い方だが、意味もなければ答えもないからこそ人生は面白いと思う。「答え」というのは一つの目的だからそれ以上前には進めない。だから人生の「答え」を仮に見つけたとしたら、そこでお終《しま》いではないか。

私自身はわからないことがあっても、それを本で調べたり、知識のありそうな人に聞いたりということはしない。はっきりとわからなくても、だいたいこんなところだなというつかみ方をする。

その状態で放っておくと、いつの間にか自然とわかってくることもある。わからないからといって気持ちが落ち着かなくなるようなことはなく、むしろその状態を楽しむような感覚が私にはある。

わかるとは「分かる」と書く。「分かる」とはその対象となるものをある形に分けて、理解できるようにすることである。しかし、元々は人生は「分けられない」＝「わからない」ものである。そんな人生をはっきりとした形に分けようとすると、それは物語のような形にするしかないだろう。

どんなに科学文明が発達しても、人が生きるとは何なのか、はっきりとした「答え」は出てこない。どんなに複雑な物理や数学の方程式を使っても、どれほど高度に科学技術を進歩させても、人が生きるということは永遠に謎《なぞ》だ。

人だけではない。無数の動植物が生きている地球があり、さらにそれを包み込む宇宙があるということは、それ自体ひたすらわからないことだらけである。

動物も植物も地球も月も太陽も、彼らは「答え」を求めない。「分からない」という状況にあって「迷い」を起こすのは人間だけ。

でも、「分からない」というのは、本当は魅力的なことだし、楽しいことだ。異性に惹《ひ》かれるのも本質的に相手がわからないからである。「分からない」という状態は生きることを豊かにするものなのだ。

だから、もっと「分からない」ということは大事にすればいいと思う。「分からない」ことに耐えられなくなって、人生の「答え」を安易に求めることなどないのである。

メジャーを求めない――マイナー感覚があれば自分を見失わない

私はマイナー志向である。世の中の動きがこぞってメジャーを求めようという流れにあって、私は徹底してマイナーなものにこだわってきた。何よりも麻雀がそうだし、生き方そのものもメジャーなものとは一線を画すというスタイルを貫いてきた。

メジャーとは一言で言えば、力のあるもの、大きなものである。具体的には国家の権力や企業のパワーとか流行とか人気、あるいはお金や常識や名声なども入る。

今の社会は人を小さいころからメジャーなものへと方向づけさせる。いい学校へ入りたいとか大きな会社に入りたいというのもメジャー志向だし、成功してお金持ちになりたいという願望もメジャー志向である。

しかし、メジャーを求めるのはそんなにいいことではないと思う。メジャーはみんなが目指すものなので、メジャー志向の生き方は結果的にみな似たようなものになってしまう。それに、メジャーな生き方が時代環境に合わなくなったとき、メジャー志向の人は変化に対応できなくなってしまう。

私がメジャーなほうへ目が向かないのは、メジャーにとらわれると、マイナーなものが持っているよさや値打ちをちゃんと見なくなるからである。それ以前にもともとメジャーにはいいものがないという思いもある。メジャーになると大きなお金や計算や駆け引きがからみ、人間の汚い嫌な部分がかならず膨らむからだ。

だからメジャーな存在になっても、マイナーな感覚を失わない人はひじょうにバランスがいいと思う。

私がよく引き合いに出すイチロー選手なんかは非常にマイナーな感覚を大事にしていると思う。それは裏方にいるグラウンドキーパーやボールボーイへの気遣いや、バット職人への尊敬の気持ちや、用具の細心な扱いといったものによく表れていると思う。

ちなみにメジャーなものがどんな姿をしているかあなたがてっとり早く見ようと思えば、TVをつければいい。そこに流れているコマーシャルの商品や人気スター、セレブとかいう人たちの生活スタイルとか、TVが力を入れて取りあげるのはまさにメジャーなものばかりだ。

そんなTVに日々、刺激されるから、人々の消費もどんどんメジャー志向になっていく。デパートで買った流行りの服を着たり、人気レストランで食事をしたり、コマーシャルで流れるビールをスーパーマーケットの安売りセットで買ったり……。その裏で町の小さな喫茶店や酒屋や洋服屋がどんどん姿を消していく。

このように今はマイナーなものがどんどんなくなっていく時代である。美味しいコーヒーを出す小さな町の喫茶店にはマイナーのよさがあるが、みんな味より値段が安いコーヒーチェーン店にいく。質のいい野菜を並べている八百屋より、大量生産でつくった美味しくない野菜をちょっと安いからといってスーパーで買う。

だが、メジャーなものばかりがわがもの顔で大手を振ると、世の中は平板で味気ないものになってしまう。

メジャーなものはつくり手や供給する人の顔が見えにくいが、マイナーなものは個人の顔がよく見える。だが、誰しも基本は自分の顔を持ったマイナーな存在だ。しかしメジャーを求め過ぎると、人はそんな自分の顔を忘れて見失ってしまう。

つまり、マイナーな感覚を大切にすることは、等身大で自分をとらえるということでもある。メジャー志向になっていくということは、反対に自分を錯覚しておかしな妄想がどんどん膨らんでいく危険を孕んでいるということだ。だから、メジャー志向が過ぎると、人は人の形を失っていく。

マイナー感覚をあくまでも大事にしてさえいれば、メジャーな力に振り回されて自分を見失うようなことはないのである。

前だけに進まない——行く手ばかりを見るのは危ない

昔の剣豪が背後から敵に襲われたさい、まるで背中に目があるかのように咄嗟《とっさ》に身をひるがえし見事に対応したというような話がある。

道などを歩くとき、ふつうは前だけを見ているので、見えるのはせいぜい両脇までで後ろはまったく見えていない状態にある。しかし、背中にも目があるような感覚というのは磨けば持てるものである。

背中に目を持つ感覚。それは前方を見る意識を両横へボワッと広げ、さらに後ろをぐるっと回って自分を包み込むような感覚と言えばいいのだろうか。

こうした感覚は、たとえば近代文明に毒されていないアフリカなどの未開民族は自然に持っていると思う。彼らは絶えず全身にアンテナを鋭く立てて草原や密林の中を動き回っている。都会の人間ならまったくわからないようなかすかな気配でも気づく鋭敏さを彼らは持っている。


科学文明の洗礼を受けた人間は体の後ろまで感覚がいかない。つまり文明人の後ろというのはいつも死角なのである。

文明の恩恵を受けて暮らしている現代人にとっては、前を見ることが最も重要である。

なぜなら絶えず前方にある未来へ進むことこそ最大の価値であるかのように考え、行動しているからだ。そのことは現代人が体の後ろまで感覚が回らないということとつながっているのではないだろうか。

過去の歴史を振り返るよりは、いつも未来に願望を投げかける。そうやって前へ前へと身を投じることばかりをやっていれば、背後に広がる空間は感覚の行き届かない場所になってしまうに違いない。

後ろが見えなくなるというのは危険なことである。今のように先行きの視界が悪くなり道も平坦でなくなってくると、それはなおさらだ。

この前のリーマンショックのような世界的パニックというのは、現代人の背中がガラ空きになっていたために起こったことである。

この世界的なパニックが起きたのは、いびつな金融の仕組みを企業がつくり、政府がそれを公認したことで、想像を超えたとてつもないひずみが生じたからだ。しかし誰もがその後ろにどんどんたまっていったひずみを振り返って見ようとせず、前にぶらさがった人参をひたすら追いかけることだけに夢中だったのだ。

人の背後には、後ろを十分にかえりみないことで生まれる無数の魔物が潜んでいる。視界の悪い時代ともなると、人はさらに前方を明るく照らしだす光を求め、ことさら真剣に目を凝らして前を見ようとする。だが、そうした行動はむしろ危険を呼び込むのだ。

本当はこのようなときこそもっと時代の背中を見るべきなのだ。後ろに広がっている歴史を振り返り、元きた道をたまには戻ってみることが大切なのだ。

そのとき、背後から襲いかかろうとしている魔物はしばしの間、牙《きば》を隠してくれることだろう。

自由を求めない――自由はルールの中にある

仕事のストレスで疲れたり、人間関係で悩んでいる人は、「今のこの状況から解放されたい、自由になりたい」という思いをかならず持っている。だが、自由を求めるとますます苦境に陥ることもありうる。

自由になりたいという衝動は、さまざまな制約のある中で生きていかざるをえない人間にとっては普遍的な心理だ。だが、自由というのはけっこう曲者《くせもの》である。

自由を求めていくと、しばしば自我がだんだん大きくなってくるからだ。本当の自由とは自我の檻《おり》から精神を解放することのはずである。

それなのに、今の人は自由と自我を大きくすることを取り違えているようなところがある。つまり、たんに我がままに振舞うことが自由になっているのである。

だが、自我があれば他我がある。このバランスこそが大事である。自由はその上で考えるべきものなのだ。

先ほど自由を求めるとますます苦境に陥ることもありうると言ったのは、自我が大きくなるような自由の求め方をするときの話だ。たとえば仕事や人間関係で悩んでいるときにそこから自由になろうとしてただの我がままになると、いっそう周りとの軋轢《あつれき》が激しくなって辛い思いをするだろう。本当の自由とは、自我がけっして大きくならない状態で得られる何かなのだ。

人は自由になりたいとき、さまざまな決まり事やルールなどの制約から自由になることを夢見る。

しかし、考えてみてほしい。たとえば、麻雀でもほかのゲームでもルールがあるからこそ成り立っているのであって、ルールがないところに麻雀やゲームは成り立たない。ゲームを楽しむにはルールが必要なのだ。

人生が一つの大きなゲームだとすれば、このゲームにもまたルールが必要なのである。

そう考えると、ルールから自由になりたいと言っている人は、自分でまた違うルールを持った新たなゲームをつくらないといけないことになる。それにはけっこう力がいるし、また賛同してくれる人がそれなりにいることが条件になる。

ルールのない世界にいけば、自由を得るようでいて実際はとてつもなく不自由を覚えるだろう。自由とはあくまでルールの中にある。ルールの中にあって微妙なバランスの上に成り立っているものなのである。

土から離れない――地面から離れるほど本能は衰える

最近、私は幼い孫たちと遊ぶことが多い。彼らからは何かといろいろなことを教えられる。

たとえば、「立つ」というふだんわれわれが何気なくやっている動作についてもそうだ。人が足で立つとはこういうことなんだというのを孫の動きを見てあらためて感じることがある。

幼い子どもたちが素足で畳の部屋に立っているのを見ると、指で畳をギュッとつかんでいる。猛禽類《もうきんるい》の爪のように指先が畳に食い込んでいる。

それを見て、「これが立つということかあ……」と気づかされたのだ。もちろん彼らは体の本能でそうしているわけだ。

人が立つという動作は本来、机や椅子が床にポンと置かれているのとはまったく原理からして違うのである。

しかし、そうやって素足で走り回っていた子どもたちもやがて靴下や靴を履くようになると、地面をつかんで立つという感覚を失《な》くしていく。「立つ」という本能に根ざした体の使い方を忘れていくのだ。赤ん坊の時代にあった本能はこうして人が成長するにつれて急速に失われていく。

底の硬い革靴を履いてアスファルトの道路やオフィスビルの固い床を歩き続けるサラリーマンは地面に立っているとき、ほとんど床に置かれている机や椅子と変わらない状態になっているのかもしれない。

都会はもちろん、今では田舎へいっても土の地面を歩くことがほとんどない。道という道はどこもかしこもすべてアスファルトで覆われてしまっている。アスファルトを靴を履いて歩いている現代人は、アスファルトの厚み分、大地や自然から離れている。それは僅か数センチの隔たりに過ぎなくても、埋めることができないほど遠い距離なのだ。

そんなアスファルトの上を歩くと私は非常に違和感を覚える。固くてまず体が気持ちよくない。それに、膝に大きな負荷がかかる。下が軟らかい土であれば、クッションになって膝への圧力を吸収してくれるが、アスファルトはそうはいかない。

私が膝を痛めたのもおそらくアスファルトを歩くことからきていると思っている。どんなにクッションの効いた靴を履いていてもアスファルトを歩くことは膝を痛める原因になるだろう。最近はジョギングがブームらしいが、ジョギングをしょっちゅうしている人たちは年を取っていくとけっこう膝を痛めることになると思う。


海岸の砂浜を素足で歩いた経験は誰しもあるだろう。素足で砂浜を踏みしめながら歩くとサラサラした砂粒の感触が何とも心地いい。アスファルトを靴で歩くときは硬直していた指先も砂浜の上では一切から解放され柔らかく砂を噛《か》む。素足で砂浜を歩けば、どこか足で大地を握るという感覚がよみがえってくる。

人は自然から離れ過ぎたため、地球上で不自然なおかしなことをたくさんやってしまった。人はもっと大地に近いところで、大地を足でつかむようにして生きていくべき存在なのだ。そのことを忘れてはいけないと思う。

我慢しない――「我慢すれば報われる」は錯覚である

「桜井さんは我慢することってあるんですか？」

そんなことをある人から聞かれた。振り返ってみると、自分の人生は我慢というものがない人生だったように思う。

人から見れば、麻雀で勝負をしていたころはストイックに生きているように見えたかもしれないが、少なくとも自分にとっては我慢ではなかった。

たとえば、勝負の前になると、数日間、よく私は食べることも寝ることもしなくなった。それはなにも勝負のげんをかつぐために我慢してそうしているというわけでなく、ただ体が自然とそうなってしまうのである。実際に食べたくなくなるし、眠たくもならないのだ。

そんなときは眠るにしても吹きさらしのベランダで夜中、ちょっと体を横たえる程度であった。ぬくぬくと布団に入って寝ていては本能が鈍るとでもいった感じだった。

食べるものでも美味しいものでお腹を満たせば、本能は眠ってしまう。勝負というのは本能をぎりぎりまで鋭くしておかないといい勝負はできない。体はそのことを知って私にそうさせたのだと思う。そのときはなぜそんなふうになるのかという疑問は抱かなかったが、後から考えれば、ただ本能にしたがって体が自然にそうなったんだなと思う。

そんなことを考えていくと、私は本当に我慢をしたという記憶がない。今までやりたいことを存分にやってきたし、しゃべりたいことも遠慮なくどんな相手に対してもしゃべってきた。

ところで世間では我慢というものをどう見ているのだろうか。我慢というのはたいてい小さいころから親に強く教育されるものだ。

親から「○○ちゃんは賢いんだから我慢しなさい」とか、「もうお兄ちゃんなんだから～」などと言われて子どもはしばしば我慢を強いられる。そして我慢すれば「いい子だね」と親から誉《ほ》められたりするので、我慢はプラスのものだと思い込むようになる。そうやって我慢を重ねていくと自分の存在感を感じるという喜びがやがて生まれてくる。

しかし、我慢を通して自分の存在を自覚するというのはどこかいびつなものがある。我慢をひとつの核にして精神形成がなされていくのは、いいことではないと思う。

我慢したら何か報われるという感覚は、ほとんどの人が幼いころから刷り込まれたものだ。しかし、我慢がもたらす精神的ダメージは小さいものではないし、それによってまた必ずしも報われるというものでもないのだ。

そうは言っても人はどこかで我慢しなくてはいけない生き物である。我慢について聞かれたとき、「俺はほんと我慢してこなかったなあ〜」という感慨にしばし耽《ふけ》っていたのだが、そこまで考えてはたと気がついた。

「ついさっきまで我慢してきたばっかりじゃないか！」

そう、私は家ではいつも我慢をしている。あまり大きな声では言えないが、何十年も一緒に暮らしてきた連れ合いは何しろハリケーンのような存在なのだ。

でも、我慢しないでこれまでさんざんいろいろなことをやってこれたのだから、一つくらい戒めとして我慢があってもいいのかもしれない。

そんなふうに自分に言い聞かせているところである。

愛さない——愛は本来不純なものである

「愛が地球を救う」という標語がちょっと前にマスコミでよく流されていたが、私たちがふだん使っている愛とはこの上なく厄介で危険なものだ。

愛がそんな危うさを孕んでいるものであることは誰しも何となくわかっているだろうが、愛そのものは本来無条件によいものとみんな思っている。しかし、愛があるからこそ人間関係の諍《いさか》いやときには戦争が起こったりするのである。

愛はよいもの、人間にとって愛は最も大事なものだと思うのは、愛は打算のない純粋なものと思い込んでいるからである。

しかし、そんな愛を大切に思い、家族や友人を愛している人間が、戦場に赴けばなぜ平気で人を殺したりできるのだろうか。愛は尊いものだと思っていながら、なぜ人を殺せるのか。

愛が人間関係において最も大切なものだと思っていれば、無慈悲な行いを平気ですることとなどできないはずだ。

つまり、われわれがふだん愛と思っているものは、本当に愛と言えるのか疑わしいものだと思う。

愛があるからこそ、嫉妬《しっと》や憎しみや怒りといった負の感情が起こるし、残酷なことをやってしまう。すなわち、われわれがふだん使っている愛という言葉はある面、「所有欲」のことをきれいな言葉で言い換えたものではないだろうか。

所有することへのこだわりを愛としているならば、それを思うように所有できなかったり、失ったときには、怒りや憎しみや嫉妬といった感情が起こるのも納得がいく。

そうすると所有へと向かわない人には、所有欲＝愛がないのだから当然のことまったく無関心になる。無関心ゆえに、気遣いをしなかったり、無慈悲な振舞いを平然としてしまえるのである。

そんな愛に果たして真実などあるのだろうか。もし、永遠の愛や人類愛のようなものがあるとすれば、おそらくふだん使っている愛の姿とはまったく別のものである。それはよく知っている愛とはまったく違う感覚のもののはずである。

もっとも、人は誰しも所有欲が姿を変えた愛というものなしには生きられない生き物だ。どうしたって、人は生きているかぎり、そんな所有欲という形の愛にとらわれざるをえない。なぜだか、そこに楽しみや喜びを見出していく生き物なのだ。

ところが、そんな愛をときに人は超えることもある。私は最近毎日のように孫たちと遊ぶのだが、彼らの命とならいつでも自分の命と交換してもいいと思っている。彼らに何かあれば、何のためらいもなく代わりに私の命を差しだすだろう。こういうのは愛とはまた違う名づけようのないものだと思う。

しかし、すべての人間同士がこんな関係であればそれも大変なことだ。そういう中に世俗的な愛もたくさんあってある種のバランスがとれているのかもしれない。

愛を危ういものにさせないためには、自分が抱く愛もまた所有欲の一つであると思っておくことだ。愛を与え過ぎるとお互いを縛り合って、かならず不自由な関係になり、憎しみや怒りが生まれる。けっして純粋なものではないと思っておけば、危うい愛をいっぱい相手に与えなくてすむ。

結局、愛はその分量をバランスよく加減することが大事なのだ。もっとも、それはなかなかむずかしい。「心温かきは万能なり」ということを私はよく言うのだが、実際に心が温かい適温であれば、わざわざ愛というものを持ちだす必要はないと思う。

心を適温にできれば、接する相手も自分も心地いいはずである。愛なんてことは考えないほうがいい。心が適温でありさえすれば。

熱くならない——熱血はあてにならない

いわゆる熱血漢というタイプの人がいる。ドラマでも熱血教師とか熱血サラリーマンは人気のキャラクターだ。彼らはドラマを盛りあげる格好の存在である。熱血漢は、みんなの前に立ちはだかる壁を熱い情熱で突き破るドラマのヒーロー的な役割を演じたりする。

そんなイメージが熱血漢にはあるせいか、そういうタイプの人は一般的に好感度も高い。

もっとも、彼らはドラマの中にいるからいいのである。現実にいる熱血漢はＴＶドラマの熱血漢とは違う。彼らはＴＶの中とは違ってヒーローにはなかなかなってくれない。熱血漢タイプの人は、「俺に任せてください」と自信たっぷりに言ったりしていかにも頼りになりそうに見えるが、最後まで信用できるということが私の経験から言ってほとんどないのである。

人の心には適温というものがあるが、熱血漢の人は心の温度が高過ぎるのだ。燃えるように熱いものは、反対にすぐに冷めやすい。熱血漢の情熱というのは長続きしないのだ。だから熱血漢が意気込んでいる姿なんかを見ると危なっかしくて仕方がない。

かと言って熱血漢タイプは人間性まで信用できないということではない。ただ彼らの熱の冷め方はあまりにも極端だったりするので、見ているほうが興ざめしてしまうのである。むしろ熱血漢とは正反対のタイプ、たとえば一見、おとなしくて淡々とした人なんかのほうが、一つのことを粘り強くやり遂げたりするものだ。

熱血というのはある面、弱さの裏返しでもある。その弱さをひっくり返そうとして血が熱くなるのである。

弱さをひっくり返して熱くなるのは、しかし、まだいい。今はむしろ弱さから血を冷やしてしまう人のほうが圧倒的に多い。つまり冷血な人たちだ。

血を冷たくしてしまえば、他人を気遣うこともなく、自分勝手に振舞える。冷血になって人間関係のトラブルを引き起こす人が最近は後を絶たない。そんな冷血な人がそこいらじゅうにいるからこそ、反対に世の中の熱血への期待が高まっているのかもしれない。

心の適温というのは、そのときどきの環境によっても微妙に変わるものだ。戦争中の日本のように国全体が熱血に溢れているときは、気持ち冷たいくらいのほうがバランスはいいのかもしれない。時代、時代によっても、適温というのは微妙に変わるものなのだ。

はたして現代はどのあたりが適温なのだろうか。

第四章　「つくらない」から、いいものが生まれる

つくらない――つくると嘘が入る

私は麻雀で「いい手」をつくろうと思わない。「いい手」をつくろうと思うとその麻雀はかならず壊れるからだ。

そんなこともあって、私は麻雀以外のことにも「つくる」という感覚をなるべく持たないようにしている。いいものは、いろいろとやっているうちに自然と生まれてくるものだ。

それゆえ、「つくる」でなく「生む」という感覚を私は大切にしている。

つくろうと思うと、そこに「いいものにしよう」とか「ウケよう」とか余計な気持ちが入ってしまう。そういう気持ちが強いとあまりいいものはできないものだ。

だから本にしても、私は自分の独り言を誰かが聞いてちょっとでもヒントになってくれたらというような思いで書いている。

最近、私はつくづく「自分をつくる」のが嫌な人間なんだなと思った体験をした。

ある華やかなパーティに呼ばれてスピーチをしたときのことだ。ちょっとお世話になった人のパーティなので出かけていったのだが、本当はこういう場所は嫌で気が進まなかった。実際、出てみると本当に場違いな感じがしたし、退屈で仕方がなかった。

でも周りの人たちは格式のある建物のパーティ会場で、上等な食事とワインを囲みながら楽しそうに歓談している。

そんな中、有名な作家先生や売れっ子の作曲家や政治家やらが次々とマイクの前に立って主賓をしきりに礼賛するスピーチをしている。政治家の先生などは美辞麗句を並べ立て、結局は主賓にかこつけた自己PRを恥ずかしげもなく得々としている。そんな話を聞いているとますます気がめいり、頼まれたスピーチを断って一刻も早く帰りたいという気分になった。

私は主賓とはそんなに長い付き合いではないので、その人について何をどう話していいかわからずスピーチにのぞんだ。私は社交辞令やもっともらしいことをつくってしゃべることができない性質《たち》だ。そこでその場で感じたこと思っていることをありのままにしゃべった。

「大人の集まりっていうのはホント退屈ですね、道場で若い子らと遊んでいるほうがぜんぜん楽しい……」

挙句の果てに、主賓に向かって、

「俺は退屈だから、もう帰るよ」

といったネガティブな調子でやってしまった。おそらくふつうの人が同じことを話せば場が凍りつくような、その場でレッドカードを出されそうな内容だったかもしれない。

それがもし許されたとすれば、私がそういう生き方をしているということが桜井節としてどこかで伝わっていればの話だ。終わってから「本音の話で痛快でした」と言い寄ってくる人もたくさんいたが、人はそれぞれだ。

主賓の人にはちょっと失礼だったかなと思いながら、私にはそれ以上のことをつくって言うことがどうしてもできなかったのである。無理につくるということが生理的にできないのである。

「つくる」と言うと、世間では創造的なニュアンスを伴ういい響きを持っている。服やパソコン、車や家、欲しいモノが溢れている世の中で、「つくる」という感覚や発想は蔓延している。そのせいか、もはや子どもまでつくる対象になってしまったようだ。

しかし、子どもはつくる対象ではない。子どもは生まれてくるものである。子どもをつくると言うと、作品をつくるという感覚になってしまう。

つくると、親の作品なんだから、親の自由な意思で作品の形を変えたり、気に入らなかったら捨てたり壊したりしてもかまわないということになってくる。子どもにとっては酷《ひど》い話になる。

それとは反対に子どもという作品を愛《め》でてガラスケースに入れて飾るような感覚の親もいる。人に自慢できるような作品に仕立てて見栄を満足させたい、さらにはそれで鑑賞料を取って自分の生活の保障にしたいという親までいる。

いずれにしても子どもは親の欲と期待で作品にされると、精神的に追い詰められる。親は本当に自分に愛情を持ってくれているのだろうかとか、親の期待に沿えなかったらどうしようとか。

そして極端な場合は子どもが親を捨てなければ、子ども自身が壊れてしまうところまでいってしまう。

子どもというのは自然の恵みである。自然から恵まれたと思えば、子どもをつくるという発想にはとてもならないだろう。

このように「子どもをつくる」という発想のおかしさを見ていくと、「つくる」という感覚がけっしてよいものだけでできているのではないことがわかると思う。

人は何かをつくることでその作品を通して自己主張をしたいわけで、自己主張には当然きれいでない欲や野心もたくさん入っている。

歴史上の権力者たちは過去にさまざまな建造物をつくってきた。彼らがつくるものはエジプトのピラミッドやギリシアの神殿などに象徴されるような巨大な建造物ばかりである。そこには自分の権力の大きさを誇示したり、栄誉を永遠に残したいという意思がひしひしとうかがえる。

「つくる」という行為は行き着くとこうなるのだ。そんな権力者がつくった大きなものを見ると、私は「ああ、つくりたくないなあ」、と思ってしまう。

権力者や大金持ちの資本家によって巨大な建造物がつくられた後にそれがずっと残って

いるというのもあまり好きでない。自然の中で生まれた生命はいずれかならず消えていく。それなのに人がつくったものだけが残っている。そこにちょっとした違和感がある。

もっともつくられたものすべてがそうというわけではない。たとえば日本古来の伝統と技術を受け継いだ熟練の職人がつくったものなんかは素晴らしいものがある。そんな職人はモノをつくるというより、生みだす感覚で仕事をしていると思う。

ある傘職人のところにお婆さんが六〇年も前に使っていた番傘を「直りますか？」と持っていって修理してもらった話なんかを聞くと、「あっ、いいな」と心が震える思いがする。その傘がつくる感覚だけでできていたものなら、お婆さんもきっとわざわざ修理に出そうとは思わないだろう。

茶道には「無事の美」という言葉がある。何ら余計な飾り立てのない素朴な器が最も美しいという考え方である。装飾やらあざとく目をひく意匠をこらすのは野暮という感覚である。このように「つくる」という感覚を極力排したところに美を見出す感性は自然と馴《な》染《じ》みながら暮らしてきた日本人特有のものとも言える。

「つくろう」とは思わない。あくまで「生む」のである。できれば本能に近いところで自然から何かを取りだすように「生む」ことができれば最高である。

「裏のない人間」にならない――表だけで生きるとおかしくなる

いい人と思っている人にふだんは見たことのないようなしたたかな面が垣間見えたりすると、「あの人は裏がある」と周りの人は思う。

「裏がある」という言い方にはどこか非難がこもっているが、はたして表だけの人間なんてそもそもいるのだろうか。誰かを「裏がある」と非難がましく思う人でも、同じように裏はあるはずだ。

モノでも生き物でも表だけのものなど一つもない。みんな表や裏やいろいろな面を持っている。

木の葉もくるくると表を見せたり裏を見せたりしながら落ちてくる。人もそれと同じだ。表だけの葉っぱがあれば奇妙なのと同じで、表だけで生きようという人間も奇妙なのだ。表も裏もあるのがふつうの人間のあり方である。

「自分のことは何もかも話すし、人に対して思っていることもみんなしゃべってしまう。私ってほんとに表も裏もない人間です」

そんなことを言う人は表の意識が強過ぎて、実は裏にたくさんのものを抱えていることに気づいていない。

表だけで生きようとすると、無意識に裏にいろいろなものをため込み過ぎてどこかに無理が生じるはずだ。

たとえば、善と悪どちらか一方だけを持っている人間はいない。一人の人間の中に善が何割かあって悪も何割かあるのであって、その割合が人によって違うだけの話だ。

自分は表だけで生きるんだと思っている人は、自分には悪の部分はないと思っているのと同じである。

人は表と裏どころか、たくさんの面を本当は持っている。その面が多いほど生きる幅も広くなるのである。

軸を一つにしない——三六〇度回転する軸を持て

自分の軸を持つのは大切なことだ。軸がしっかりしている人は強い。反対に脆《もろ》い人は軸がぐらついていたり、なかったりする。

ところで、軸というと中心をすっと一つのものが通っているイメージがあるが、本当はもっとたくさんあっていいものなのだ。

一本の軸を三六〇度回転させると球体になるが、強い軸というのはその球体の中で自在に動くものである。三六〇度くるくる縦になったり横になったり斜めになったり回転している。本当にしっかりとした軸とはこのようなものを言う。

こういう自在に動く軸を持っている人はスポーツでも仕事でも生き方でもしなやかな強さを発揮する。

その点、軸は一つだと思っている人は、ある面においては強いが違う面ではひどく脆いものだ。軸が一つだけだとぐらつきやすいのだ。

たとえば、スポーツを報道するマスコミが使う常套句《じょうとうく》の一つに「勝利の方程式」なる言葉がある。野球などであるチームの勝つパターンが決まっているとき、この言葉が使われたりする。

そのような「勝利の方程式」とは一本の軸のようなものだ。あるパターンにはまれば強さを発揮するが、それ以外のパターンになってしまうといろいろな弱点が現れてしまう。「勝利の方程式」などのような決まったパターンがなく、いろいろな形で勝てるのが三六〇度の軸を持っているということである。

考え方もそうだ。考え方がしっかりしているなと思える人は、一つの軸だけで支えられた考え方をしていることが少なくない。

たとえば、〇〇主義なんていうのもそうだ。社会主義を信奉していた国家は冷戦の壁が崩壊した後、ことごとく崩れ去ってしまった。それが上手く機能しているときは、内から外から強い圧力がかけられてもびくともしそうにない確固とした強さがあるように見えた。ところが、歴史の環境が変わった途端、幻のように消え去ってしまったのである。

戦前の日本もそうである。天皇を崇拝する皇国思想で国民の多くは塗り固められていたにもかかわらず、戦後GHQに統治され民主主義が導入されるやそれはあっという間に消えてしまった。

そういうことを考えると、資本主義が強いのは軸がたくさん無数にあるからと言える。それこそさまざまな考え方がそこに自由に入っている。私は資本主義が好きではないが、このしぶとい強さはやはり縦横無尽に回転する軸が内側にあるからだと思う。

麻雀でもスポーツでも勝負というのは軸の奪い合いである。相手の軸をいかにとらえ押さえ込むか。上手な人は自分の軸を相手が取りにきても巧みにかわすし、相手の軸を狙《ねら》うときは素早く攻めてバランスをくずしにいく。

軸を取られるとどんなに強い人でも押さえられてしまう。しかし、強い人は軸が回転してあちこちに軸が生まれるので、いったん軸を押さえられてもそれを撥《は》ね返す力を持っている。

軸を一本しっかり持っているからと思って安心してはいけない。三六〇度回転する自在な軸を持ってはじめて軸があると言えるのである。

尊敬しない——尊敬は学びの機会を奪う

誰にでもたいがい尊敬する人はいるものだ。尊敬の対象としている人を見れば、その人がどんな生き方の志向を持っているのかがうっすらと見えてくる。

尊敬する人がいるというのは悪いことではない。尊敬する人からいろいろなことを学べるからだ。しかし、そこには落とし穴がある。

尊敬する人というのは例外なく自分よりも上にいると思っている人である。つまり人は自分より上にいると思っている人から学ぶのである。下にいる人からはそうそう学ぶことはしないし、端から学べるとも思ってもいない。

私はここに大きな疑問を感じてしまう。実際は未熟な人や子どもからだっていろいろなことを学べるからだ。むしろ、上にいる学者とか宗教家とか経営者とか社会的に尊敬されている人より、よほど学べることが多いと私は思う。

実際、私は立派な人から学ぶということがほとんどと言ってない。上にいる人は嘘っぽい人が多くてしゃべっていることすらまともに聞けないなと思うことばかりなのだ。

上にいる立派な人からは学ばされることはないが、雀鬼会の道場にいる若い子らには日々学ばされている。道場には世間的にダメなレッテルを貼《は》られそうな子もたくさんきているが、そんな子にほど学ぶことが非常に多い。

知識が多くて頭がいいなという人を見て自分を反省するようなことはないが、知識も何もない赤ん坊なんかを見ると自分の未熟さをつい反省したくなる。それが私の実感だ。

赤ん坊よりもっと私が学ばされるのは、人間より下にいると思われている動物たちだ。より自然に近い存在になるほど私は多くを学ぶのだ。

上にいると思われている人や尊敬する人からしか学べないと思っている人は、結局、学び方が偏っていると思う。それはもっぱら社会的に上の方へいくためだけの学びになっているからだ。

未熟な人、ダメな人からも学ばなければ、本当の人間的な学びというのはできない。

このように尊敬するという行為は掛け値なしにいいように見えるが、けっしてそうではないということだ。そこに偏った学びしか生まれないなら、いっそ「尊敬しない」という姿勢でいたほうがいい。

尊敬という行為が問題なのはそれだけではない。たとえば、ひどい政治を行う政治家でも彼を尊敬する後援会の人間がいるし、おかしな経営を行う社長でもその社長を尊敬する社員がいる。はたから見ると明らかに間違った尊敬に違いない。なぜそんなことになるのかと言うと、尊敬というものがそれを通り越して崇拝になっているからだ。

どんなに社会的に立派な人でも人間的にダメなところはかならずあるし、人間的に優れていると思われる人でもそうでない部分はどこかにあるものだ。完全な人間などいない。尊敬が熱くなるとそんな相手のマイナスの部分が見えなくなり、ひたすら美化してしまう。そんなところから間違いは起こる。

テロ行為を行うカルト宗教の教祖を崇拝するのもそうだし、ちょっと前の日本では天皇を崇拝させる教育を国民に行うことで国全体がおかしな方向へいってしまった。

崇拝に向かう心理というのは人間的な弱さからくるものである。崇拝する人は自分の中にある根本的な弱さが、崇拝の対象となる人に救われるような気持ちになるのだ。しかし、それは相手に過度な幻想を抱くことなので、それが冷めてしまうと反動で尊敬の念すら残っていなかったりするのである。

だから尊敬するということにあまり熱くなってはいけない。尊敬にも適温が必要なのだ。やみくもに尊敬してしまうとマイナスも少なくはないということである。

よいことをしない——よいことにとらわれると悪を生む

不思議に思うことがある。キリスト教を信じている人々も、イスラム教を信奉している人々も、それぞれの神サマは「人としてよい行いをしなさい」とさかんに言っているのに、キリスト教徒やイスラム教徒が大半を占めるこの世界はちっともよくならない。これはどういうことなのか。よいことだけを勧めると、結果的によくないものを氾濫させるのだろうか。

よいことというのは、そればかりやっていると、心の中に元からある悪いものをどんどん抑えつけるものだ。だから、よいことばかりにとらわれると、逆に抑えつけられた悪いものが無意識に膨らんでいったりするところがある。

そうすると、自分ではいいことをやっているはずが、結果的に大きな悪をつくりだしたり、それを呼び込むきっかけになってしまったりする。私はこれを、「いいこと」ばかりにとらわれるあまり、反対に病理を生みだす「いいこと病」と呼んでいる。

歴史のさまざまな悲劇は「いいこと病」からけっこう生まれていると思う。たとえば植民地支配から人々を解放すると言いながらそのために戦争を起こしてさらなる大きな悲劇をつくりだす行為などはまさにそうだ。もっとも戦争はすべからく自国の正義（＝いいこと）のために行うものではあるのだが。

今なら「いいこと病」にかかりやすいのはエコロジー運動だろう。エコロジーそのものはいいことだと思うが、それが行き過ぎてエコロジーは絶対的によいという原理主義になってしまったら、それはそれで問題だ。欧米の環境保護団体の過激な行動なんかを見るとそれはよくわかる。

エコロジーの最大の矛盾は人間の文明生活を守ることを前提にしているところだろう。たとえば、新しい車ライフを送るためのエコカー減税なるものがTVでさかんに宣伝されているが、これほどインチキなものもない。

結局は車メーカーの産業振興のために業界と癒着している旧自民党政府がエコカー減税を設けたのであって、車を買わない無関係な人から最終的には税金を負担させる仕組みなのだからとんでもない話だと思う。「いいこと」というのは水戸黄門の印籠《いんろう》のようなもので、それを装えば詐欺に近いようなことでも簡単にできてしまうのだ。

この場合、本当のエコロジーは何より車を買わないことである。いくら低公害車だといっても車に乗ること自体、反エコロジーなのだから。

この不景気のさなかにあってエコロジー関連の商売はけっこう好調なものが多いそうである。エコは儲かるということになれば、エコロジー関連のビジネスはますます盛んになっていくことだろう。

しかし、ビジネスとして栄えていけば、そこでまた大量の資源が使われ、無駄な廃棄物がたくさん生まれるわけである。それを果たしてエコロジーと呼べるのだろうか。

だから本気でエコロジーをしようと思えば、メーカーはなるべく頑丈で長持ちする商品をつくって新商品の開発を抑え、消費者も使えるものはダメになるまで使い切るという姿勢でやっていくことである。だが今の世の中の仕組みや人々の欲望のあり方からするとそれはほぼ不可能に近い。

エコロジーは基本的に、このように人間の文明的な欲求というエゴを生かしながら行われるものなので、どうしても矛盾が起こってしまう。

極論を言えば、地球環境にとって一番いいのは人間がいなくなることである。地球上から人類がいなくなれば、これこそは究極のエコロジーである。

つまり、エコロジーはそんなところまで想像した上でやったほうがいいと思う。エコロジーをやっている自分はピュアないい人だなんて思っているなら、その人はもうすでに「いいこと病」を発症しているのだ。

他人事《ひとごと》にしない――他人事は自分事である

この世に起こる出来事のほとんどは自分にとって他人事である。新聞を広げると政治、経済、社会、スポーツ、実にさまざまな出来事が載っている。たいていのことは自分とは無関係だから、コーヒーでも飲みながら軽い気持ちで記事が読める。

しかし、厳密なことを言うと、まったく一〇〇パーセント純粋な他人事というのは一つとしてないのである。「なぜ!?」と思う人は、アメリカのサブプライムローンが破綻したことがきっかけで世界中の経済があおりを受けたことを考えてみると理解しやすいだろう。

このサブプライムローンの破綻からリーマンショックのようなドミノ式の連鎖を人類の歴史のすべては大なり小なり持っている。だから、どんなに小さな出来事でも他人事とは言えないのだ。

たとえば自分がどういうふうにして他人と関係を持ち、影響を受けているかということを考えてみればいい。

自分という存在は自分一人だけで成り立っているのではなくて、実にさまざまな人の影響を受けている。そして自分に影響を及ぼした人もまたさまざまな人から影響を受けているわけで、そう考えていくと今いる地球上のすべての人類とこれまで生きてきた人類全員は影響し合っているという関係において最終的につながってしまうだろう。

そのことは言ってみれば自分の中にすべての他人の要素がほんの少しずつ入っているということだ。その意味で文字通りの他人事というのはありえないのである。

いろいろな人の影響をこれまでは受けたが、これからはまったく一人で生きていくのでいかなる人の影響も受けるつもりはない。仮にそう思っている人でもやはりどこかで他人の影響を受けることになる。買い物一つとってみてもそうだ。

コンビニで缶コーヒーを買うとしよう。そのコーヒーはさまざまな人が関わってつくられた商品である。企画をする人、原料のコーヒー豆をつくる人、商品を製造する人、運搬する人、販売する人、実に多くの人間が関わっている。さらに今売られているコーヒーは、はじめてコーヒーをつくった人から伝えられた製造技術をさらに多くの人が工夫を重ねてできたものである。

つまり、缶コーヒーを一つ買って飲むだけでも、膨大な数の人間の影響をミクロなレベルで受けているということだ。

人が犯す過ちの多くは、他人を自分とは関係のない存在として見ることから起こる。自分とは関係ないと思うから、平気でひどいことをしたりするのだ。他人事意識は極端になると必然的に人に迷惑をかけるものだ。

また相手のことを頭でとらえがちな人も他人事意識が強くなる。評論家っぽいタイプの人がそうだ。そういう人の他人に吐く言葉がきつく激しいのは、他人事意識が強いからである。

現実の世界は先ほど述べたように地球上のすべての人間がつながった広大なネットのような形をしている。一人の人間がネットのどこかを押せば、その振動はやがてすべてに伝わるのである。だから、他人事のように思ったり行動したことも、ふたたびそのネットを伝ってブーメランのように返ってきたりもする。

エコロジーの問題はそのことを端的に表している一つの例だ。世の中に「他人事はない」のである。

インターネットが普及し、グローバリズムが強まる世界では、遠くにいる他人との距離がきわめて近くなってくる。つまり、ますます「他人事はない」世界になってきているのである。

否定しない——嫌なものも自分の中を通してみる

私は自分にとって嫌なものであっても、端からはねつけるようなことはしないで、いったんは自分の中を通してみるようにしている。通してみて本当に嫌なら後ろから抜けばいいと思っている。

はじめからイメージで嫌だ、ダメだと否定してしまっては、その人のキャパシティのサイズはいつまでもそのままだろう。食わず嫌いという言葉があるように食べてみたら意外にいけるということだってある。おそるおそる食べてみたら何ともなくてそれからはふつうに食べられるようになるということもあるだろう。

だから、私は嫌に感じるものでもとりあえず体で感じるようにしている。味わってどうしようもなくまずいものなら吐き出せばいい。ともかく頭で決めつけずに体感でいいか悪いかを判断するのだ。

人間誰しも自分の中によからぬものを持っている。どんなに善人に見える人物であっても心のどこかには鬼が住んでいる。

私自身、自分の中に一〇のものを抱えているとすればそのうち三は悪だと思っている。自分の中にも悪いものがあるのに、外の悪いものを自分とは関係ないとはねつけて否定するのはおかしいと思っている。

たとえば、極悪非道な犯罪事件がニュースで報道されたとき、それを犯した犯罪者の悪さと同じ要素の何割かは自分も含めてどんな人の中にも潜んでいるんだと思う。だから、こんな犯罪を犯すなんて信じられないと犯罪者を罵《ののし》って自分とはまったく異質な人間を見るような態度にはとてもなれない。

自分とは縁のない悪だと思ってただ否定しているかぎり、人間についての本質的な理解はできないだろう。

人として生きていくには善をなるべく出して悪は極力抑えることが必要だ。そんな善と悪の加減のつけ方は、ちょうどお風呂でお湯をかき混ぜる感覚に似ている。

お風呂に手を突っ込むと、上のほうは熱くて下のほうは少し温度が下がっている。だから、上にあるお湯だけを触って「熱いな」と感じたり、下に手を突っ込んで「ぬるいな」と感じるのは正しくない。

お風呂につかるときはお湯全体をかき混ぜて入る。そうすると上の熱いお湯と下のぬるいお湯がちょうどいい加減に混ざって「いい湯」になるわけだ。

善と悪もこのお風呂のお湯と同じようなもの。自分の中にある善も悪もかき混ぜることで人としてちょうどよい加減になれるのである。

健康を求めない——過度な健康志向は病である

今は世をあげての健康ブームとかで、ＴＶや雑誌では健康をテーマにした企画がひきもきらず取りあげられている。こんな健康法を実践すれば長生きできるとか、こんなものを食べていれば病気にならないとか、こんな運動を続けていれば足腰が衰えることはないとか、実にさまざまなものが次から次へと紹介される。

しかし、健康そのものが生きるテーマになってしまっているような状況はどこかおかしなものがある。人は健康のためだけに生きているわけではない。健康であってはじめて、あんなことをやってみようとか、こんなことをしてみようといった生きる目的が湧いてくるのであって、健康はあくまで自分の人生をよりよく送るための土台に過ぎない。

健康そのものが目的やテーマであるかのような過剰な健康志向は、ある意味、不健康なことである。それは健康病という心の病のようなものだ。本当に健康な状態とは、健康を意識しないで生きていられる状態のことだと私は思う。

私はと言えば、健康のケの字もほとんど意識することがない。健康のためにこんなものを食べようとか、これは体に悪いから止めようとか、夜は早く寝て生活のリズムを整えようとか、そのような類を一切しない。

少々、調子が悪くても気にしないし、骨を折るような怪我をしても、それをかばおうとして内向きになるようなことがない。若い子らとプロレスごっこをやっている最中に手が妙に痛いなと感じて、そういえば骨にヒビが入っていたんだと思いだすようなこともある。

医者へはよほどの怪我でないかぎり、基本的にいかないことにしているが、最近、風邪のような状態が一ヶ月以上も続き、周りが心配して本格的な健康診断というものを初めて受けた。結果は何ともなかったのだが、仮にどこかの数値がおかしくて医者から養生を勧められても、ふだんの生活ぶりを変えるということはしないと思う。

こんな具合に健康に無頓着なのも、好きなように生きているのだからそれで十分じゃないかという思いがどこかにあるからだ。それで、もし体を悪くして寿命が縮まっても仕方ないという気持ちもあるのだ。もちろん周りに迷惑はかけたくないが、やりたいことは全部やってきたという未練のなさが底にあるんだと思う。

また一方で、心身に無理な負荷がかからなければ、そんなに大ごとにはならないとも思っている。きわめて不規則な生活だが、仕事でも楽しんでいるからストレスもないし、食事もふつうの大人の半分も食べないから胃腸に負担をかける今様の食生活とも無縁だ。食べないのはただそれほど欲しくないだけの話で、何も体を気遣っているのではない。

若いころから体を使った喧嘩《けんか》はさんざんやってきたが、これは私の本能に近いところでやったもので、そのときどきで怪我をしたりしたのは自然の動物と同じようなものと思っている。

まあ、私の不健康ライフとはそんなところだ。健康にはこれからも一切気を遣わず、あとは寿命がくればそれでいいという感覚である。細心の注意を払って少しでも長生きしたいなどゆめゆめ思っていない。

安全・安心を求めない――安全な社会は生きる力を弱くする

人は生きているかぎり、何らかの不安を抱えざるをえない生き物である。そして社会が複雑になるほどその不安は増していく。保険会社があそこまで巨大な企業になったのも、人々の不安が社会の複雑化にともなってそれだけどんどん大きくなっていったということだろう。

複雑になれば物事は不安定さを増すものだ。グローバル化が進めば経済や政治のシステムはますます複雑になり不安定になる。リーマンショックはそんな不安定な時代を象徴する出来事だった。

だからと言って安全や安心というものを求め過ぎると、おかしなことになる。生きる目標そのものが安全や安心になってしまうような本末転倒が起きるからだ。安全や安心を第一に求めるより以前に人は生きる楽しさや喜びを求める生き物である。

自然の生き物は危険が迫ると本能で察知する力を持っている。そのことは自然の生き物はいつも危険と隣り合わせで生きているということでもある。

ところが、人間のように安全や安心で生活を覆うようにして生きていると、本能というものはどんどん退化していってしまう。

私はそんな本能を大切にしている。だから自分から安全や安心というものを求めることはしない。逆に危険なものをついつい求めてしまうようなところさえある。

サメを求めて海に入っていったり、台風の接近で荒れ狂う海に泳ぎにいったり、多勢に無勢の喧嘩の助っ人に入ったり、なぜか危険なものに惹《ひ》かれてしまうのだ。

そんな性分が招き寄せるのか、大きな滝壺《たきつぼ》に落っこちて浮上できなくなったり、倒れたウインドサーフィンの帆に足がはさまれて溺《おぼ》れかかったり、麻雀の勝負で激昂《げっこう》した相手がいきなり発砲してきたり、一歩間違えたら死ぬという状況に数えきれないくらい遭遇している。

ここまで危険が好きとなるとちょっとおかしいと思われるかもしれないが、おそらく私は危険な状況と出会って本能が生き生きと目覚めてくるような感覚が好きなんだと思う。それと同時に、持っている力を総動員して窮地を脱することが楽しくてそんな状況を求めてしまうんだと思う。

安全や安心を求め過ぎると、確実に人間は本能的な力を失って弱くなっていく。そして弱くなるからますます安全や安心を求めるという悪循環が起こる。

そんな流れを少しでも変えるには、人はもともと危ういバランスの上に立っているんだということに正面からもっと向き合うべきだろう。そしてその危うさこそが人間を人間たらしめているということにもっと思いをいたすべきだと思う。

貫かない――多様性を生きるとキャパも広がる

信念やこだわりを持って一つのことをやり続けて事をなすという類の話を人は好む。たった一人でノミだけで山をコツコツと掘り抜き、何十年もかけて人々のためにトンネルをつくった江戸時代のある僧侶《そうりょ》の話。実在しないとも言われた伝説のトロイの遺跡を長い歳月をかけて掘り当てた実業家の話。

たしかに強い信念を持って困難なことを成し遂げるという話は感動的なものだ。

もっとも、こうした話はハッピーエンドになっているからいいのであって途中で失敗に終わっていたら、人を感動させる話になりはしないだろう。それどころか、愚かな行為として嘲笑《ちょうしょう》の対象にさえなりかねない。それでも当の本人が納得し満足できるならいい。だが、他のことを犠牲にして何十年も費やしたことが無駄な結果に終われば、取り返しのつかない失望と落胆を味わうのではないだろうか。

脇目もふらず一つのことに集中するのはどこか純粋で崇高な精神を感じさせるからだろうか。信念はいいことと思われている。しかし、言い換えれば、それは一つのことにとらわれている状態である。

何かにとらわれることは、心と行動の本来の闊達《かったつ》さ、自由さを失う。その上信念を抱く対象がよくないものであれば目も当てられない。

たとえばテロを起こすような宗教の教義に強い信念を抱けばどうなるか。そんな極端な例でなくても会社の仕事に熱い信念を持ち続けているサラリーマンであれば家庭が疎《おろそ》かになり、それが原因となって子どもが不登校になったり奥さんと離婚することだってあるだろう。そのサラリーマンは勤めている会社が倒産して思うような仕事ができなくなったらどうするのだろうか。

このように信念を強く持つということはそんなによいことではないことがおわかりいただけると思う。

信念を持つとは一つのことに集中するということである。今の教育は一つのことに集中しろ、そんな集中こそ成果をもたらすんだということを教える。

だが、そのような集中は先ほども言ったように、往々にして不自由さを招くとらわれとなってしまう。変化が起こったときに柔軟に対応できなくなるし、いざというときに失敗を恐れて違う選択をする勇気を持てなくなってしまう。

日本人はとくに一つのことに向かっていく姿を美しいと感じるようなところがある。一本気や一途《いちず》やら一つのことを貫くという精神に美を見出したりする。

しかし、私は常に一つのことだけを追いかけることはしない。「二兎を追うものは一兎をも得ず」と言うが、私の場合、二兎どころか百兎ぐらい追いかける感覚でいる。これは欲張りということではない。足し算の発想でやるということでもない。一つのことだけを真面目にやるのは人間のキャパシティを狭くすると思うからだ。

Aということをしながら、Bをやり Cをする。そんな「ながら」感覚こそ大事にしているのだ。別のことをしながら勉強したり仕事をする輩は昔「ながら族」と揶揄《やゆ》を込めて言われたりしたが、本当はこういう感覚でいろいろなことをやっているほうが一つのことをマニアックに追いかける感覚よりよほど健全だし、人間のキャパシティも広がっていく。

そもそも生命とは多様なものである。世界中に多様な文化があるのも、そうした生命本来の多様性からきているのだ。今世界が向かっているグローバリズムの流れが不自然なのはそんな人間の多様性を一つの形に収斂《しゅうれん》させようとするところにある。

生き物は多様性をなくすと衰退し、やがて滅びてしまう。そのことは自然界を見ればよくわかる。自然は実に多様な生き物たちで成り立っている。多様だからこそ絶妙な食物連鎖のバランスが生まれるのである。これが仮に一種類の生き物だけになってしまったら、食物連鎖の輪などというものはなくなり、生物はたちどころに滅んでしまうだろう。

自然の生態や本能的なレベルから言っても人は一つだけのものに向かうべきでないのだ。一つだけを貫くのでなく、多に向かって多を楽しむ。そのことが人をより大きな可能性に向けて開いていくのである。

第五章　「計算しない」から、負けない

計算しない――計算しないほうが勝つ

今の社会は数字が支配する社会である。あの服はいくら？　給料はいくらもらっている？　あの人気番組の視聴率は何パーセント？　この会社の年間売上はどのくらい？　今日一日の食事のカロリーはいくら？　ダイエットで何キロやせた？　今日の勤務はあと何時間で終わり？

人の行為や関心にはたいがい何かを表す数字がついている。ふつうに暮らしていて数字に触れない日などありえない。もし数字と縁をなくしたいなら無人島で暮らすより方法はないかもしれない。そのくらい現代人は溢れんばかりの数字に取り囲まれて暮らしている。

これだけ隙間《すきま》なく数字で埋め尽くされた環境だと、おのずと数字を扱うのが上手い人、すなわち計算が得意な人が大手を振ることになる。

でも、私は計算が面倒だし、煩わしいと感じるタイプなので、できれば数字のない世界にいきたいと常々思っている。

計算といっても何も算数の話ではない。人生設計の計算が得意な人、仕事の計算が得意な人、つまりどっちの方向へいけば得か？　どう振舞えば得か？　そんな計算が正確に早くできる人ほど有利な立場になり、有利な展開を図っていけるとかたくなに信じられている社会にわれわれは生きているということだ。

現代人がこのように「計算する人」だらけになったのは、何よりもお金がこの社会で大きな力を持っていることが大きいと思う。

お金をたくさん持つことが人生の最大目標になってしまったような社会の価値観の中では、そのためにどれだけ仕事や人生の計算が上手くできるか、いかに効率的で合理的な計算ができるかが決め手になる。

アメリカに長年住んでいた知人に聞いたことがあるが、アメリカ人は美術品でも音楽家のコンサートでも値段の高いほうが単純に優れていると思う人が少なくないらしい。スポーツでもビジネスでも成功して巨万の富を手にすることがアメリカンドリームと言われる国らしい。しかし手にするお金の額で人の値打ちが決まるほど人生が単純なものであれば世話はない。

人を数字の世界に追い込むのは拝金思想だけではない。社会の仕組みそのものもスピードと効率を追求しているので人はなおさらせき立てられるように計算をしていかないとやっていけなくなる。

そしてお金を得るため、仕事を速くするため、生活を便利にするため、人は他人を上手く利用することを覚える。だから人間関係も計算ずくになってくる。

しかし、そんな計算ばかりしていると、心は当然置いてきぼりにされてしまう。だからストレスが増えるのも当たり前だ。ストレスならまだいいが、計算が狂って人生そのものがおかしなことになる人だって少なくはない。計算を好むのは自由だが、計算ばかりしている人は最終的に計算そのものの大きな罠《わな》にはまると思う。


ところで、私が雀鬼会を始めたきっかけの一つは、世間の計算ずくの麻雀とは違う形の麻雀もあるんだということを少しでも多くの人に知ってもらいたいという気持ちからだった。ふつうの麻雀は勝つための計算や駆け引きがつきものだが、そうしたものが一切ないところでも麻雀は成り立つということを教えたかったのだ。

牌を打つときに、考えたり相手を読んだりすれば、さまざまな計算が入ってくる。しかし、雀鬼流の麻雀はそんな勝つための欲や計算を一切そぎ落としたところにあるのだ。

たとえば、牌は「一秒で打つ」というルールをつくっているのも、思考や計算を入れないため。「考えるな、感じろ」ということを道場生にはよく言うが、まさに流れや相手の呼吸を感じながら瞬時のひらめきで打っていくのが雀鬼流である。

ふつうはじっくり考え、相手を読んで計算して麻雀を打ったほうが、雀鬼流の一秒で打つスタイルよりよほど有利と思うだろう。

しかし、実際は試合などをすると、雀鬼流のほうがふつうの麻雀より強いのである。プロの連中が出場する大きな大会にかつて雀鬼流の道場生が二度ほど参加したことがあったが、並みいるプロを抑えていずれもアマチュアの道場生が優勝した。その後、正式にはプロが出場する大会に出たことはないが、今仮に参加するとしても雀鬼流の強さは証明されると思う。

計算をする世間の麻雀に対して計算しない雀鬼流の麻雀のほうが強いとすれば、何かを示唆しているはずだ。それは、ふだんわれわれが生活や仕事でひっきりなしにしている計算の多くはもしかして無駄だったり、マイナスになっているのではないかということだ。

もちろん最低限の計算をしないことには生活も仕事も成り立たない。しかし今の人は不必要に複雑な計算をやり過ぎている。その中には無駄どころか気がつかないうちにマイナスになっているものも数えきれないほどある。

「自分の人生、計算ばかりだな」と思ったら、そこで計算を止めてみる。「計算する人」から「計算しない人」へ。そんな転換がはかれたらあなたの人生もきっと大きく転回していくことだろう。

テクニックに頼らない——テクニックだけだと行き詰まる

スポーツの世界でもビジネスの世界でも、テクニックは非常に重要な働きをする。

テクニックがなければプロのスポーツ選手にはなれないだろうし、同様、テクニックがないとビジネスマンとしても十分な働きはできないだろう。

だが、テクニックには限界がある。たしかにテクニックはあるところまでは人を運んでくれる。だが、あるレベルを超すとそれが通用しなくなる領域があるのだ。テクニックに走り過ぎると、かならずそんな壁にぶつかる。すなわちテクニックを磨くことだけに集中するといずれ伸び悩むことになるのである。テクニックだけでやっている人というのは見るとすぐわかる。どこか人工的で嘘臭いのだ。

私は昔、麻雀の勝負で相手がテクニックをがんがん出してくると、そんなテクニックじゃ通用しないよとさらに別のテクニックで応えたりすることがあった。とくに相手がイカサマに近いテクニックでやってきたときはそうだった。しかし、本当はテクニックで応じる必要もないのである。テクニックとは違うものをこっちが見せればそれですむ話なのだ。

仕事におけるわかりやすいテクニックの例を話してみよう。たとえば非常にむずかしい案件があって仕事の相手を説得しなければいけない場面があるとする。

相手を説得するにあたっては、いろいろな策を練りいろいろなテクニックを使おうとするだろうが、そこで必要なものは最後はテクニックではなくなる。たとえ話すテクニックに長《た》けていてもそれだけで人は動くものではない。

最後に相手を動かすのは、テクニックを超えた力だ。それは相手に向けられる言葉と言葉の間からにじみだしてくるような人間の総合的な力と言うべきものかもしれない。

その力は、何かの行動を通して相手に伝わることもあるだろうし、豊富な経験から無言のうちに導かれることもあるだろう。

そんなときに小賢《こざか》しいテクニックを出したらどうなるか。テクニックというのは相手を操ろうという意図が底にあるもの。それなりに人を見る目がある人間であれば、テクニックを出してくる相手の意図を読んでしまってそこでジ・エンドになるだろう。

テクニックというのはたとえ優れたものであっても溺れてはいけないのである。反対にいざとなれば捨ててしまってもいいというくらいの気持ちが大事だ。そういう感覚を持てたとき、人はさらにその上のレベルへ向かっていくことができるのである。

エネルギーを抑えない――出せば出すほど湧いてくる

手を抜くという言葉がある。仕事などでここは力を入れるところだが、あそこは力を入れなくていいと思うとつい力を抜いてしまうことがある。

私自身は基本的に、どんな状況でも手を抜くということはしない。興が乗らなくて気持ちが入りづらいということはあっても、少なくともそこで手を抜こうとは考えない。

というのも、エネルギーというのは出し惜しみしていると、エネルギーが蓄えられるどころか、かえって涸《か》れていく性質を持っているからだ。

私はたまに講演を頼まれて出かけていくことがあるが、主催者や集まっている人たちを見て、「気が進まないなあ〜、話したくないなあ〜」と思うことが正直よくある。

それでもいざ話すとなると、やる気がないので適当に流そうか、とはならない。相手に届くか届かないかわからないがきちんとしゃべるべきことはしゃべっている。

そうすると、「俺が苦手な連中ばかりだなあ」と感じるような聴衆にもちゃんと響いてくれるものなのだ。そして話し終わると、たくさんの人から握手を求められたり、質問されたりすることが少なくない。

それを、話すのは気が進まないから適当に手を抜いてやろうと思ってしゃべっていたら、こんな反応はきっとないだろう。

エネルギーを出し惜しみしないで話したために、苦手な印象の聴衆が最後には変化してこちらも楽しくなったりするのである。楽しくなればエネルギーはまた湧いてくる。そして、そのエネルギーで今度は何をしようかという気分になるのだ。

だからエネルギーというのは気分が乗らないからといってあまり出し惜しみしないほうがいい。エネルギーは出せば出すほど湧いてくるものだ。

仕事や家庭で手抜きをする人が増えているとすれば、効率主義や合理主義的な考え方がきっと影響している。経済が最優先の社会にあっては、効率主義や合理主義というのは最も幅を利かせた考え方だからだ。

しかし、効率主義や合理主義は行き過ぎると人間関係にまでその物差しを当てはめるようになってくる。そうなると、人は人というよりモノのような扱いをされることになる。

モノとなれば人格はそこに認められない。そうなると当然ストレスはたまり、人間関係はますますいびつなものになってしまう。

だから、仕事そのものは効率主義や合理主義でやっても、人の関係にまでそうした考え方を絡めるのはよくない。ときには人との付き合いの影響で仕事が効率的にはかどらないこともあるかもしれない。しかし、付き合いそのものが大切であれば、それは仕方ないことだし、結果的にかえっていい仕事が生まれることだってある。

何でもかんでも効率主義や合理主義で動く人がいるとすれば、それはもう病気である。もし自分がモノのように機械的に扱われたくないのであれば、少なくとも人と接するときだけは効率や合理という発想をしないようにすることだ。そしてエネルギーを出し惜しみするなんてことはしないことだ。

見ない——聞くことで相手が見えてくる

麻雀を打つとき、私は相手の捨牌をはっきりとは見ない。自分の牌も含めて視界に入ってくる牌の絵柄はただぼーっと見ているという感覚だ。どちらかと言うと目で見ると言うよりは、皮膚で感じるといった感覚に近い。

牌を打つとき、私は音を大切にしている。牌を打つ音でその人の調子や技量までわかったりする。音にはすべてが表れるのだ。きれいな麻雀を打てばきれいな音が鳴るし、汚い麻雀をすれば汚い音が溢れてくる。私が自分の麻雀道場に「牌の音」という看板を掲げたのも、きれいな音の出る麻雀を打ちたかったからにほかならない。

私が牌の絵柄に対して見るのでなく感じとるという感覚に近いものを持つのは、同時に牌の音を音楽のように聞いているからだと思う。つまり見ることに聞く感覚がたくさん混じってくるからだろう。

聞くという感覚は見る感覚より、本能に近い。たとえば壁の向こうにいる人の気配は目で認識はできないが、耳を澄ませば感じることができる。

人間が動物を狩って暮らしていた太古の時代、夜の闇は耳を澄まして感じとるものだった。闇の向こうに息をひそめている獣たちの気配を耳で聞きとらなければ生きて朝を迎えることはできない。

聞くという感覚には人がそんな野生の生き方をしていたころのDNAがどこかに息づい

ている。私が聞くことを大切にしているのはそんな本能がうごめくのを感じるからだ。

太古の時代から遥かな時を隔てた現代、情報が氾濫する都市文明において最も要求される感覚機能は、見ることだ。ＴＶやインターネット、そして携帯電話などの映像や文字は人に見ることを激しく求めてくる。

見るという行為は分析を伴うので脳の前頭葉につながってくるのだろうか。その分、本能からは距離があるように感じる。今の人はそんな見る行為にあまりにもとらわれてしまって、その裏側で何か大きなものを見落としているように私には感じられる。見ることをし過ぎると精神的なレベルで息を止めてしまうようなことにもなってくるから気をつけたほうがいい。

今は暮らしの中で静かに耳を澄ますというようなことを滅多にしなくなった。耳に否応なしに入ってくる流行りの音楽も、聞くというより、音のかたまりを見せられているような気分になってしまう。自然の中でかそけき風の音や川のせせらぎに耳を澄ますような風雅は、旅に出たときくらいしか味わう機会がない。

そんな環境の中で見ることばかりをしていると、聞くことを含めた本能に近い感覚を衰えさせたり失ったりすることになると思う。

見ることをのべつまくなしに求めてくる環境にあってむしろ大事なのは、「見ない」という感覚を持つことではないだろうか。それは、失われつつある本能の感覚を回復していくきっかけになると思う。

運を求めない――運を意識する人に運はこない

こういうご時世だからだろうか。最近ははじめて会う人から、

「どうしたら運がつくんですか？」

といったことをよく聞かれる。そういう人は私が長い間、麻雀の勝負で負けたことがなかったという話を聞いていて、そんなことをつい聞きたくなったのだと思う。

たしかに麻雀は将棋などとは違って、運が大きく作用するものだ。しかし、あてのない運に頼っていては、毎回、毎回、勝負に勝つことなどできないだろう。

運というものは実は偶然のものではない。運はやるべきことをきちんとやっていれば向

こうからやってくるものである。その意味では必然のものと言える。

「どうしたら運に恵まれるのですか？」と聞いてくる人は、運をふだんの生活や行動からは離れたところに純然としてある何か見えなくて不思議なものというイメージを持っているのだろう。だが、運はそんなものではなく、もっと具体的なものなのだ。

私はふだんの生活や行動の仕方がそのまま運を呼びよせると考えているから、運だけ取りだしてあれこれ考えるようなことはしない。

運は求めればやってくるものではない。やるべきことをちゃんとやっていれば、運のほうから選ばれるのだ。

では、やるべきことをやるとはどういうことなのか。いろいろなことがあるが、一つには物事の流れをつかんでタイミングを外さないということだ。タイミングを外せば、間抜けになってしまう。タイミングをつかむには知識や思考に頼っていてはダメだ。考えることより感じるという力を大事にすることだ。感じる力があれば、物事の的も外さなくなる。

また流れをつかむには部分にとらわれない全体観を持つことも欠かせない。さらには自分のことだけをいつも計算し考えていると心のバランスがくずれ、運から見放されて自滅の道を進みやすい。相手のこともいつも考えることが自然とできるようになるといい。

そのほか、ピンチになっても心を揺らさず平常心をたもつということも大事なことだし、苦労は工夫して楽しみに変えるといったことも運には好まれることである。

運に選ばれるとは、結局日々、どのように生きているかで決まることなのだ。

仕事でも人生でも、いざ勝負という局面になったときにあわてて姿勢を正しても、運はこちらを向いてくれないだろう。

立ち止まらない——「休む」も「動き」の一つ

以前、ある雑誌の相談コーナーの記事で、仕事に忙殺され出社拒否になったサラリーマンの質問を目にしたことがあった。

それに対して相談員の心理カウンセラーは、

「ここは頑張って無理に働こうとせず、立ち止まることが大事です」

というような答え方をしていた。

たしかに、立ち止まって休むのはこの場合大切だと思う。ただし、立ち止まるというのはゼロの状態に自分を置くことではない。

立ち止まっている人をよく観察すると、体の軸は絶えず左右前後に微妙に揺れている。立ち止まっていても人は動いているのだ。

命があるというのは動いているということである。動いて変化し続けるのが命だ。動きが完全になくなった状態が死である。

その意味で立ち止まって休むというのも、また休むという形をとった動きなのである。それまで仕事をしてきた強い動きとは違う動きをそこに入れるということである。違う動きをするわけだから、当然大きな変化になる。その大きな変化が休むという形をとるに過ぎない。

もしストレスがたまって休もうという気持ちになったら、自分をゼロに戻すというより、別の動きをして変わるんだと思ったほうがいい。

立ち止まってゼロにするという感覚だと、ストレスがたまる環境にまた復帰した際に同じことを繰り返す可能性が高い。

そのとき、自分はずっと同じ感覚で動き続けてきたから疲れたんだ、ここで違う動きをしてみよう、そう思って休むのであれば、ふたたび同じ環境に戻っても以前とは微妙に違う動きになってくると思う。そうなれば疲れ方も少しずつ変わってくるはずだ。

疲れて立ち止まろうと思ったときは、「立ち止まりながら立ち止まらない」、そんな感覚でいることが大事なのだ。

集中しない——集中は丸く広げていく

勉強に集中する。スポーツの練習に集中する。仕事に集中する。育児に集中する。たいていの人は「集中しなさい」と親や教師に幼いころから言われ続け、集中すれば何かができると思っている。

たしかに、集中は、何か事をなすときに欠かせないある精神の状態である。

しかし、集中は精神のとらわれを生む危険性をいつも孕んでいる。人は何かにとらわれると他のものが視界に入らなくなる。集中はしばしばそのようなとらわれた状態をつくりだし、それが行き過ぎると人から自由を奪う。

勉強に集中しいい学校に入る目標に集中し過ぎると、友だちと遊ぶ時間が犠牲になり十分な人間性が育《はぐく》まれないことがままある。会社に集中し過ぎると定年退職した後にどうやって生きていけばいいかわからなくなる。利益を上げることに集中し過ぎた会社は社会ルールを無視した違法行為を犯しやすくなる。一つのことに集中しとらわれると、このようなことが起きるのである。

ではとらわれない集中というものはあるのだろうか。集中と言うと一つのものだけに意識が向かうと思われているが、複数のものに同時に意識が向かう集中もある。それがとらわれない集中である。

私はとらわれない集中のことを「拡散する集中」と言っているが、それは点に絞られた意識を広げて面にしていくような感覚によって生まれる。ちょうど池に小石を投じると静かに波紋が広がる、あの感覚である。

「拡散する集中」を学ぼうとすれば、自然界の生き物を見るといい。彼らは一つのことだけに集中はしない。一つだけに集中するのは生命の危機を意味するからだ。

たとえば湖の畔《ほとり》で水を飲んでいる鹿がいるとする。しかし、鹿は水だけに集中していない。水を飲みながらも背後にも神経を使っている。いつ後ろから獣が襲ってくるかわからないからだ。鹿は本能のレベルで拡散する集中の仕方をしているのだ。

われわれがとらわれない集中をしようと思えば、一つのことだけにとらわれないことである。一つだけでなく、ついでにあれもこれもと二つ、三つ、並行しながらするといい。前にも述べた（155頁）が、「～しながら」という「ながら感覚」である。拡散する集中をもって複数のことをしていくと、中には失敗してとりこぼしてしまったりすることもある。でもそれによって能力のキャパをそこからまた広げていくきっかけにもなるし、楽しいものだ。

一つにとらわれる集中はあまり楽しくはならないが、円のように広げていく集中というのはそれ自体が喜びになったりするのである。

育てない——「育てない」から上手くいく

親がいなくても子は育つと言う。実際、子どもは自分で自分を育てて大きくなっていくものだ。

親が子どもを育てるという言い方をすると、大人が主体にならないと子どもは育たないというニュアンスになってしまうが、子どもを育てる主体はあくまで子ども自身なのだ。

だから大人が子どもを育てるという言い方には、どこかにおこがましいものを感じてしまう。

子どもは放っといても大人から実にいろいろなことを学ぶ。だから、大人は子どもの見本となるような存在であればいいと思う。それには、大人の立ち居振舞いを子どもが見て、「あ、いいな」と思えることを大人が背中で見せることだ。

しかし、子どもがマネしたくなるようなそんな粋《いき》で格好いい大人は今ほんとに少なくなってしまった。

社会的に立派だと評価されるような位置にいる政治家や経済人でも、無責任で格好の悪い振舞いばかりが目立つ昨今だ。そんな格好の悪い大人たちにばかり囲まれていては、子どもは悪い方向へ育っていくしかなくなってしまうだろう。


私にも子どもがいるが、子どもを育てるなんてことは自分にとっては一〇〇年早いと思っていた。「自分のことですらたいしたこともできないのに、子どもを育てるなんて……。俺にできるのは手助け程度」という気持ちだった。

だから子どもと向き合うときは、育てるのでなく、接するという感覚を大事にした。お互いが接し合ってお互いが育っていくという感じだ。

「育てるのでなく接する」。これと同じようなことが、「教える」ことにも言えると思う。すなわち「育てる」と同じ上からの目線が「教える」にはあるが、それを下げてみるのだ。

子どもは育っていくときにさまざまなことを学んでいく。子どもはどんどん学んで成長していく存在だから、大人の立場は自然と教えるというふうになる。だが、大人も子どもからいろいろなことを教わっているのである。それに気づけば「教える‐学ぶ」という一方通行の関係はなくなる。

また、教わって学ぶというのは半ば強制的なものなので実は身につきにくいことである。何かに気づいて「あっ！」と自分から思ったときにこそ、人は最も自発的に学べるのだ。

雀鬼会の若者が私の行動を見て何かに気づき、それから動き方ががらりと変わってしまうことがたまにある。

こんなことがあった。一度、沖縄へみんなでいったその帰り。夜遅く羽田空港に着いたわれわれは二手にわかれてタクシーを拾って帰ろうということになった。しかし土砂降りの雨でなかなかタクシーがつかまらない。ようやく一台はつかまったもののもう一台がなかなかやってこない。つかまったタクシーに先に乗っていた私は激しい雨で見通しがきかない中、遠くからやってくるタクシーに気づいた。しかし雨の中に突っ立ってタクシーをつかまえようとしていた連中はまったく気づかない。そこで私は雨の中へ飛びだしびしょびしょになりながら両手を激しく振ってそのタクシーを止めたのだった。それを見ていた一人はいつもボーッとして動きの鈍い子だったが、それ以降、ふだんの動き方ががらりと変わってしまったのである。そのときの私のとっさの動きを見てはたと何かに気づいたのだと思う。

極端に言えば、大人はそんな気づきを子どもに対して与えるような姿勢でいればそれでいいと思う。「教える」のでなく、「教えないという教え」。それを気づきという形で与えていくことができれば、それだけで十分ではないだろうか。

刺激を求めない――文明の刺激は感覚をおかしくする

この世の中は刺激に満ちている。モノに対する刺激、食べることへの刺激、遊ぶことによる刺激、無数の刺激がそこらじゅうに溢れかえっている。

刺激というやつは、一度与えられると次はもっと強いものを、その次はさらに強いものをとどんどんエスカレートしていくものだ。それは麻薬中毒の患者が強い薬をやってもだんだん効かなくなっていくのに似ている。

朝のワイドショーなんかを見ていると、毎日のように凶悪な犯罪事件が報道されている。

だが、そんな凶悪な犯罪事件を見馴れてしまうと、小さな犯罪なんかたいしたことないという感覚にもなっていきかねない。

文明の刺激は際限がない。過剰な刺激を受け続ければかならずどこかの感覚が麻痺《まひ》しておかしなことになってくるのだ。


私はそんな文明の刺激から逃れるようにして、ときどき自然の刺激を求めにいくことがある。

たとえば、私はサメが好きでサメに会いに南洋の島まで出かけたりすることがある。サメに会うためにシュノーケリングで水中に潜ってサメの近くまでいったりするのだが、サメの刺激は最高に強烈だ。こちらは何も身につけていないからサメが本気で襲ってきたらお終いだ。

水中でサメと出会うゾクゾク感は何度繰り返しても変わることがない。自然の刺激というのは、絶えず新鮮で衰えることがないのだ。

自然の中へ刺激を求めるのは、本能に近いところから湧き起こってくるものだ。それは当然、文明の刺激とはまったく質の違うものである。文明の刺激は「狂」を伴うが、自然の刺激はその「狂」を消してくれる。

サメの刺激は言うまでもなく危険だ。しかし、それは「狂」ではない。その刺激は私の生命に限りないエネルギーを与えてくれる。だから、文明の中で麻薬のように効いてくる刺激の危険とどちらがいいかと言われたら、私は一も二もなくサメのほうを選ぶ。

あとがき

黒人でアメリカ初の大統領となったオバマの演説をもっとも強く印象づけるものに「チェンジ！」という言葉があった。

オバマ大統領は、「チェンジ！」という言葉にこれまでのアメリカの旧い政治的因襲を打ち破って革新的な政治をやるんだという気概と強い意志をそこに込めた。

しかし、私にはオバマ大統領がたんにアメリカの政治という枠の中だけで「チェンジ！」と発しているようには思えなかった。そこにはどこか、地球人として「チェンジ！」していこうというメッセージも感じられたのだ。

そして現にこの地球人レベルの「チェンジ」は今、世界中で見えないひとつの流れとなりつつあるのではないだろうか。

その流れを象徴するものの一つには世界中が関心を持っている環境問題への取り組みがある。そんな「チェンジ」の流れはそれ以外もさまざまな場所でさまざまな形となって人々の生き方や社会の制度や仕組みといったものに徐々に及びつつある。戦後の日本の体制をつくってきた自民党政治があっけなく崩壊したのも、決してこの流れとは無縁ではないと思う。

ただし、この「チェンジ」の流れを従来の足し算的発想でやろうとすると、結局は「いつかきた道」をふたたび繰り返すだけになってしまうだろう。

「チェンジ」はチェンジしようという発想や行為から力を抜くような引き算で実行していくべきなのだ。それができてはじめて「チェンジ」は文字通りのチェンジとなるはずだ。すなわち、人が地球人としてチェンジするには、むしろチェンジしようという強い意志や願望からいかに力を抜けるかがポイントになるのである。

「チェンジ」の壮大な実験はまだ始まったばかりである。本書がささやかながらその一助となればうれしく思う。

編集協力／髙木真明

桜井章一（さくらい　しょういち）

東京都生まれ。大学時代より麻雀を始める。昭和三〇年代より、裏プロの世界で勝負師としての才能を発揮。〝代打ち〟として二〇年間無敗の伝説を築き、〝雀鬼〟と呼ばれる。現役引退後は麻雀を通した人間形成を目的とする雀鬼会を主宰。著書に『人を見抜く技術』『負けない技術』（講談社＋α新書）、『壁をブチ破る最強の言葉』（ゴマ文庫）ほか多数。

努力《どりょく》しない生《い》き方《かた》

集英社新書〇五三四C

二〇一〇年三月二二日　第一刷発行
二〇一〇年四月一三日　第二刷発行

著者……桜井《さくらい》章一《しょういち》

発行者……館　孝太郎

発行所……株式会社集英社
東京都千代田区一ツ橋二-五-一〇　郵便番号一〇一-八〇五〇
電話　〇三-三二三〇-六三九一（編集部）
　　　〇三-三二三〇-六三九三（販売部）
　　　〇三-三二三〇-六〇八〇（読者係）

装幀……原　研哉

印刷所……凸版印刷株式会社

製本所……加藤製本株式会社

定価はカバーに表示してあります。

ISBN 978-4-08-720534-3 C0210

Printed in Japan

a pilot of wisdom

a pilot of wisdom

夫婦の格式　橋田壽賀子
神と仏の風景「こころの道」　廣川勝美
無の道を生きる――禅の辻説法　有馬頼底
新左翼とロスジェネ　鈴木英生
虚人のすすめ　康芳夫
自由をつくる 自在に生きる　森博嗣
不幸な国の幸福論　加賀乙彦
創るセンス 工作の思考　森博嗣
天皇とアメリカ　吉見俊哉　テッサ・モーリス-スズキ

ヴィジュアル版――V

江戸を歩く　田中優子　写真・石山貴美子
ダーウィンの足跡を訪ねて　長谷川眞理子
フェルメール全点踏破の旅　朽木ゆり子
謎解き 広重「江戸百」　原信田実
愉悦の蒐集 ヴンダーカンマーの謎　小宮正安
直筆で読む「坊っちゃん」　夏目漱石
ゲーテ『イタリア紀行』を旅する　牧野宣彦
奇想の江戸挿絵　辻惟雄
「鎌倉百人一首」を歩く　尾崎左永子　写真・原田寛
神と仏の道を歩く　神仏霊場会編
直筆で読む「人間失格」　太宰治
百鬼夜行絵巻の謎　小松和彦
世界遺産 神々の眠る「熊野」を歩く　植島啓司　写真・鈴木理策
熱帯の夢　茂木健一郎　写真・中野義樹
藤田嗣治 手しごとの家　林洋子
聖なる幻獣　立川武蔵　写真・大村次郷

a pilot of wisdom

日本の古代語を探る　西郷信綱
中華文人食物語　南條竹則
古本買い　十八番勝負　嵐山光三郎
江戸の旅日記　H・プルチョウ
脚本家・橋本忍の世界　村井淳志
ショートショートの世界　高井　信
ジョン・レノンを聴け！　中山康樹
必笑小咄《こばなし》のテクニック　米原万里
小説家が読むドストエフスキー　加賀乙彦
喜劇の手法　笑いのしくみを探る　喜志哲雄
映画の中で出逢う「駅」　臼井幸彦
日本神話とアンパンマン　山田　永
中国10億人の日本映画熱愛史　劉　文兵
落語「通」入門　桂　文我
永井荷風という生き方　松本　哉
世にもおもしろい狂言　茂山千三郎
クワタを聴け！　中山康樹

米原万里の「愛の法則」　米原万里
官能小説の奥義　永田守弘
日本人のことば　粟津則雄
ジャズ喫茶　四谷「いーぐる」の100枚　後藤雅洋
悲恋の詩人　ダウスン　南條竹則
新釈　四谷怪談　小林恭二
宮澤賢治　あるサラリーマンの生と死　佐藤竜一
寂聴と磨く「源氏力」全五十四帖一気読み　「百万人の源氏物語」委員会編
時代劇は死なず！　春日太一
田辺聖子の人生あまから川柳　田辺聖子
幻のB級！大都映画がゆく　本庄慧一郎
現代アート、超入門！　藤田令伊
英詩訳・百人一首　香り立つやまとごころ　マックミラン・ピーター　佐々田雅子訳
江戸のセンス　荒井　修　いとうせいこう
振仮名の歴史　今野真二
俺のロック・ステディ　花村萬月
マイルス・デイヴィス　青の時代　中山康樹